JN018033

"秒速"プレゼン術

戸田 覚 著
日経クロストレンド 編

日経BP

"秒速"プレゼン術

従来の手法は通用しないアフターコロナ
"秒速"で効率を高め成果を引き出せ

　本書の企画がスタートしてから、新型コロナウイルス感染拡大の影響が大きくなった。この原稿を書いているのは 2020 年 5 月末。安倍晋三首相が東京を含む緊急事態宣言を解除すると発表した。今後どうなるのか。第二波第三波は来るのか、それがどの程度の規模になるのかは分からない。

　本書をお読みいただくのが発売後、半年あるいは 1 年以上経っていたなら、新型コロナウイルスによる影響は、かなり収まっているかもしれない。もちろん、僕もそれを大いに期待しているし、そうでなければ困る。

オンラインは「一方的な発表」

　だが「アフターコロナ」で我々の働き方は大きく変わるはずだ。テレワークやオンライン会議が思わぬ形で普及した。これによって、直接相手の会社に行って面談をするのではなく、オンライン会議ツールの Zoom や Teams を使ってネット越しにプレゼンテーションをする機会が増えてくることは想像に難くない。

　もし新型コロナウイルスの影響が長引けば、従来のように「会って話せばなんとかなる」というやり方は通用しづらくなる。オンライン会議を通した話による説得力は、対面のプレゼンに大きく劣る。表情も、身ぶり手ぶりも伝わりにくい。一人が話している間は、別の人は主に聞いているだけになり、同時に話しづらい。「一方的な発表」に近いのだ。

　オンライン会議では、製品やサービスを画面越しに見せることはできるが、実際に触ってもらうことは難しい。そうした制約の中で、どれだけ熱意や思いを伝えることができるか。結局、結果を左右するのは、スライドの中身であり、マイクとネット越しに届ける話し手の声だ。ある意味、究極的なプレゼンの姿と言えるだろう。

　「ただでさえプレゼンは気が重いのに、もっと難しくなるのか」。そう感じ

た人もいるかもしれないが、この本を手に取ったあなたは、安心してほしい。ネット越しでも聞き手の注目を引き付け、話が苦手な人でも伝えやすく、スライド作りの超時短化も実現できる——そんな方法が存在する。急激に変化する時代の中で、ビジネスパーソンがアウトプットと成果を引き出す効率化の技法こそが、本書で紹介する「"秒速"プレゼン」なのだ。

　もちろんオンライン以外の舞台でも威力を発揮する。僕は、20年以上にわたって、さまざまな新製品の取材でスライドを見てきた。プレゼンにまつわる取材も数え切れないほどさせてもらった。あらゆる成功事例から、いいとこ取りをしたのが、この秒速プレゼンだ。

60秒以内でハラオチを引き出す

　本書は、とにかく時間をかけないことを目指している。スライド作成もそうだが、本番で相手が納得するまでの時間も短いほどよい。さんざん説明をした後でやっと理解してもらうのは、目指すところではない。60秒以内でハラオチすればそれで成功だ。秒速プレゼンという命名は、そこからきている。1枚のスライドを1分以内、つまり秒単位でめくっていく。これによって、プレゼンのすべてが変わっていく。

　1枚のスライドで5分間話すのは難しい。だが、1分以下ならそう難しくない。5分間話すと内容が複数になり、聞き手も複数の事柄を理解しなければならない。だが、30〜60秒程度であれば1つのことを十分に理解できる。つまり、小さなハラオチをどんどん繰り返していけるのだ。結果、分かりやすかったと思ってもらえる。また、5分間説明するスライドと内容の構成を1枚作るより、1分のスライドと説明を5つ作る方が楽なのだ。

　変化は逆に好機でもある。潮目を読み、行き先を見定め、素早く対応できればライバルに大きな差を付けられる。本書に記した秒速プレゼンを含む数々のアイデアを身に付けることで、ずっと楽にプレゼンができ、かつ説得力も上がったと実感できるはずだ。激動の時代を走り抜け、チャンスをつかむためのツールとして活用いただきたい。

2020年5月　戸田覚

目次

本書は、日経クロストレンドで 2019 年 2 月から掲載している連載「『刺さる』プレゼンの極意」をベースに大幅に加筆・改訂を加えたものです。

　日経クロストレンド（https://xtrend.nikkei.com/）は「新市場を創る人のデジタル戦略メディア」をコンセプトに、市場創造、商品開発、マーケティング戦略などの先端動向を伝えるデジタル・メディアです。

日経 XTREND

第 1 章

プレゼンの
目的と原則

プレゼン作成に時間はかけるな 基準は「スライド1枚に10分」

今回のポイント

① 1件につきスライド作成は2時間以内
② スライド1枚につき説明は3分が目安
③ 自分の強みをプレゼンに生かす

　僕は、20年近く前からプレゼンの本を多数執筆してきた。これまでに見たスライドの数は、数千件に達するだろう。そこでたどり着いたのは、「プレゼンに正解はない」ということだ。業種や職種、伝えたい内容、伝える人、説明時間などで正しいプレゼンのやり方が変わってくる。だから、一概にこれが正解というルールを決めるのは難しい。

　その一方で、これは絶対ダメ――という不正解のポイントは数多くある。よくある間違いは、見た目や細部にこだわるあまり、スライドを作る作業に時間をかけすぎてしまうことだ。見た目がきれいなデザインのスライドは高く評価される傾向がある。だが、日々の仕事の中で、スライド作りにどれだけ時間をかけられるのだろう。

　平均して日に2件の商談があったとしよう。そのためのスライド作成にそれぞれ3時間かけていたら、それだけで毎日終わってしまう。日々の商談が2時間で、スライド作成が6時間となれば、合計8時間だ。移動時間などを考えたら、残業がマストになってしまう（**図1-1**）。

　もちろん最初の1つは長い時間をかけてスライドを作り、後はアレンジすることで時短ができる、というケースもある。ただし、一切カスタマイズせずに通用するほど話は甘くない。相手が聞きたいことや知りたいことを入れ込まなければ、関心を持って聞いてはもらえない。自分の考えを伝え、相手を説得するには、提示する商品やサービスは同じだとしても、相手に合わ

図1-1 スライド作りは1件2時間以内に収めたい

スライド作り　　　　商談　　　　　スライド作り　　　　商談

3時間　　　　　　1時間　　　　　　3時間　　　　　　1時間

2時間以内に収めたい！

1日に1時間の商談が2件、そのための準備にそれぞれ3時間かけていたら、それだけで8時間かかり、1日が終わってしまう。スライド作成は1件2時間以内に収めたい

せたものを用意するべきなのだ。

アフターコロナに求められる個人の成果

　新型コロナウイルスの感染拡大で、ビジネスパーソンの働き方は一変した。リモートワークが前提となれば、上司の目が届かない場所で仕事をすることになる。もはや生真面目に働いているフリをしているだけでは通用しない。よりシビアに個人の成果が求められるようになる。だからこそ、必要以上に見た目や密度にこだわったスライドを作ろうと延々と時間をかけるのは、もはや時代に見合っていないのだ。

1時間の商談はスライド13〜14枚

　効率を考えると1時間の商談に使うスライドは、一から作り上げるとしても、2時間以内で作りたいところだ。では、スライド1枚を作るのにかけられる時間は何分か。1時間の商談に必要なスライドを丸ごと作るとして、その枚数から逆算していく。

　まず、1時間の中で、挨拶や相手の質問などの時間を20分としよう。そう考えると、正味のプレゼン時間は40分程度になる。

　これまで数え切れないほどのプレゼンを取材してきた経験からすると、おおむね平均的な説明時間は1スライドにつき3分だ。つまり40分の説明なら、13〜14枚のスライドが必要となる。その13〜14枚を約2時間で作るのだから、1枚のスライドを作る時間は約10分という計算になる。まず

図 1-2　商談 1 時間のプレゼン資料は 2 時間で作る

1枚のスライドを
3分で説明するのが目安

スライド作成時間の目安

（商談時間－20分）÷3分×10分

挨拶や相手の質問時間などがあるので、
実際の説明時間は20分ほど引く

スライドを作る時間は
1枚10分程度

スライド1枚を作成するためにかけられる時間は10分が目安だ。1時間の商談に
向けたスライドを作成する時間は133分、つまり約2時間となる。

はこの「1枚 10 分」を目安にしていこう（図 1-2）。

「10 分は短いな」と感じるかもしれないが、スライド作りに慣れてくれば可能だ。表紙などは時間がかからないし、製品の写真なども貼り付けるだけで終わるだろう。逆に、数値しかない表をグラフ化するのに時間がかかることもある。すべてのスライドを平均してこの程度ということだ。

いずれにせよ、限られた時間でスライドを作る癖を付けないといけない。数日間かけて素晴らしいスライドを作り、その結果 1 本の商談がうまくいったとしても、ノルマの達成は難しいだろう。場合にもよるが、スライドの出来としてはホドホドであったとしても、商談の件数を多くこなすことで、結果として売り上げにつながってくることは多いはずだ。

第一歩は自分の強みを見極める

本書では、スライド 1 枚 10 分を実現するためのさまざまな時短テクニックを紹介していく。その延長線上にあるオンラインプレゼン時代に対応し、プレゼン作成の面でも超時短を実現するための究極のテクニックである「"秒速"プレゼン」の技法も解説していく。

まずは、その効果を十分に発揮するための前提となる考え方と準備の方法を説明していこう。自分なりの効率化を探っていくうえでは、自分の強みを知ることが大切だ。次のチェック項目の中から、何が該当するかを確認してみてほしい（図 1-3）。どれも「ちょっと得意」程度でかまわない。「うまいと

図1-3　自分の得意分野を把握する

自分の強みと感じる項目にチェック

- □ **コピー作りが得意**　　→関連項目33ページ（ Lecture 06 「25文字にまとめる」）
- □ **デザインセンスあり**　→関連項目70ページ（ Lecture 13 「白バックにグレーが基本」）
- □ **写真を撮るのが好き**　→関連項目77ページ（ Lecture 14 「自前ストックフォト」）
- □ **絵を描きたい**　　　　→関連項目87ページ（ Lecture 17 「10分でイラストを描く」）
- □ **分析のスキルに自信**　→関連項目95ページ（ Lecture 18 「見やすいグラフの作り方」）
- □ **話すのが得意**　　　　→関連項目121ページ（ Lecture 24 「プロのアナウンサーに聞く」）

チェックシートで自分の強みを把握してみよう。自分の特性を生かしたスライドを
作ることが成果につながる近道となる

は思えないけど好きだ」でも OK。要するに、自分が何を表現したいかを再
認識してみてほしい。これが、短い時間で少しでも良いスライドを作るため
に、とても重要な要素となるのだ。

　例えば、展示会などイベントの講演でプレゼンを見て、「分かりやすい！」
と感心し、それを参考に次のスライドを作るとしよう。そのスライドにイラ
ストがたくさん入っていたなら、同じことをしたくなる。ところが、自分は
全く絵心がなく、苦手だったとなれば、ひたすら Web ページを検索してイ
ラストを探して、流用し始める。

　これがダメプレゼンの典型例だ。長い時間をかけたのに各ページにイメー
ジがバラバラなイラストが入り、統一感のないひどいスライドが出来上がる。
プロのイラストレーターに外注したスライドは素晴らしいが、そんな予算を
かけられるケースは、まれなのだ。

　自分の強みが写真撮影なら、普段からスライドに使えそうな写真を撮りた
めておくことで、いざというときに素材が一気にそろう。話すのが好きなら、
スライドの要素を徹底的に省略して、話術で勝負する——このように、あな
たの特性を生かしたプレゼンをするのが、実は最も近道で、成果につながり
やすいのだ。

　上のチェック項目にないものでもかまわない。「自社製品に精通している」
「トレンドを追いかけている」「技術に詳しい」など、自分の強みをまず把握
して、それを軸にスライドを作ることを心がけていこう。

プレゼンは紙芝居であれ
書きすぎるスライドはご法度

今回のポイント

① スライドと企画書では役割が異なる
② 細かい説明文はスライドに書かない
③ 「上司が読んでも分からない」が正解

　プレゼンが苦手だという方には、いくつかのパターンがある。「スライド作成は自信があるのだが、発表がいまいちうまくいかない」という方のプレゼンを見せていただくと、実はスライドがきちんとできていないケースがとても多い。

　とにかくスライドに文字を書きすぎているために、発表にも失敗しているのだ（図2-1）。特にIT系企業や技術に強い方によく見られる。ITや技術系の業種では、説明が難しい製品やサービスが多いのは理解できる。だからといって、説明すべき内容をすべて書くのは大きな間違いだ。**Lecture 01** の

図2-1　スライド上で大量の文字を読ませない

スライドの文字が多いと…　　　　　　スライドの文字が少なければ…

読み上げているだけだな　　自分で読めばいいか　　しっかり話を聞こう　　シンプルで分かりやすい

スライドに文字を書きすぎると、聞き手は話を聞かずに、その文字を読み始めてしまう。スライドの文字は少なくすれば、話に集中してもらいやすくなる

チェックシートで、項目にはない「文章が上手に書ける」ことを得意分野として挙げた人もいるかもしれない。その場合も、書きすぎには要注意だ。

読ませるのではなく聞いてもらう

子供の頃に見た紙芝居を思い出してみてほしい。もし紙芝居が文字ばかりで絵がなかったら、見ている子供は興ざめ。演者の語りなどを聞かずに、どこかに行ってしまうだろう。

スライドは紙芝居のように聞き手の興味を引き出し、注目させる役割があるが、最も大切なのは話し手の言葉に耳を傾けてもらうこと。それなのに、スライドに文字を多く書いてしまったら、言葉を聞く集中力は格段に下がる。読めば分かる文書を画面に映しているのだから、当然だ。

プレゼン慣れしていない人が緊張して、たどたどしく説明しているとしよう。その内容といえば、スライドに書いてある文面を読んでいるだけだった——これは最悪だ。聞き手は飽き飽きして、とっとと自分で読んでしまう。説明などこれっぽっちも聞かないだろう。自分の言葉で熱意を伝えて説得するというプレゼンの目的も果たせない。これがスライドに説明を書いてはいけない最大の理由なのだ。

今後広がると考えられるオンラインプレゼンでは、対面のプレゼン以上に文字を書かないことが重要になる。ネット越しだけに、話し手の声の張り、身ぶり手ぶりの動作も伝わりにくい。自然と聞き手の集中力は落ちる。後でプレゼン資料を読めば分かるだろう、と判断されれば、画面の向こうでは「上司からメールが届いたから読もうかな」などと別の仕事を始めてしまうかもしれない。だからこそ、画面の文字は極力少なくし、聞き耳を立ててもらう状態にしなければならないのだ。

スライドと企画書は文字量が全く違う

スライドには、細かな説明を一切書かないと割り切ってほしい。まずは、自分がこれまでに作ったスライドを見直してみよう。「説明は書かない」という意識を持っていないと、**図2-2** のようなスライドになる。

図 2-2　ここまで書きすぎたスライドは失格

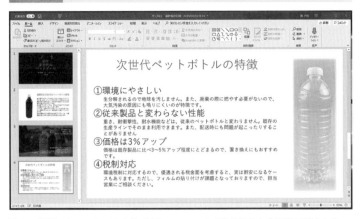

読んで理解できるのはスライドではない。ここまで書き込むと企画書に近くなる

　繰り返すが、スライドは紙芝居だ。だから口頭で説明するのであって、聞き手に読ませるのではない。そう考えると、上のように説明をほとんど書いたスライドは失格そのものなのだ。

　「うまい」と言われるプレゼンのスライドの多くは、話を聞くまでは、その内容が見えてこないものだ。これは故スティーブ・ジョブズ氏を含め、レベルの高いプレゼンをすることで定評がある米アップルなどの例を見ていてもよく分かる。そうした企業のスライドは、キーワードしか書いていない。

　上司から「スライドを見せてみろ」と言われて提出し、「これでは何を言いたいのか分からない」とダメ出しを受けたら、実はそれでいい。そもそもスライドを見せろという上司が間違っている。チェックをしたいなら、口頭での説明を含むプレゼンそのものを見るべきなのだ。

　説明を書き込んだスライドを渡せば、上司は分かりやすいと言うかもしれないが、それは企画書として合格だったと捉えるべきだ。すべてが書いてあって読むことを前提とした文書が企画書、口頭の説明を受けて初めて理解できるのがプレゼンのスライドだ（図 2-3）。

　PowerPoint で企画書を作ってもかまわないのだが、ツールは同じでも、目指すゴールは全く違う。両者を混同している人が多すぎるのだ。

図 2-3　説明用の「スライド」と読ませる「企画書」

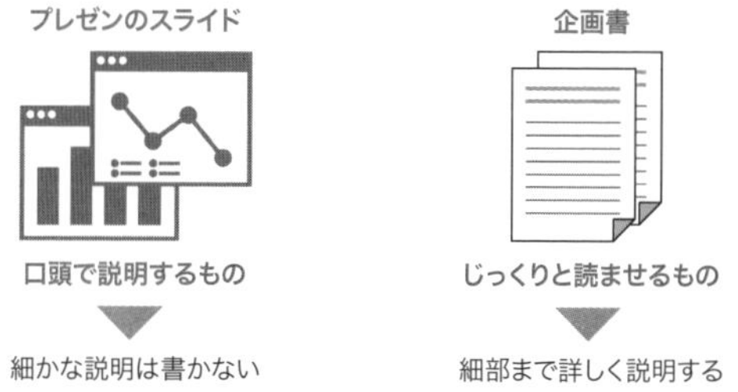

プレゼンのスライド　　　　　　　　　企画書

口頭で説明するもの　　　　　　　じっくりと読ませるもの

細かな説明は書かない　　　　　　細部まで詳しく説明する

プレゼン用のスライドだけでなく、企画書も PowerPoint で作るケースが増えている。それでも両者の用途や目的が異なる点は押さえておきたい

書きすぎた説明はノートに移動

　既に内容を書きすぎたスライドを作ってしまった、という場合でも無駄にはならない。書いてある説明文をカットして、ノートエリアに貼り付ければよいのだ。そのうえで、タイトルや重要なキーワードだけをスライドに残す。

図 2-4　書きすぎた説明はノートに待避

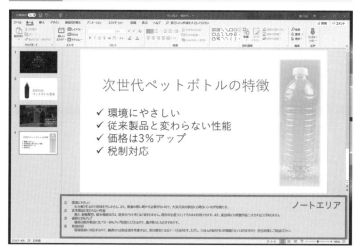

説明文は画面下部のノートエリアに待避する。そのうえで残った見出しをバランスよくレイアウトする。ノートエリアが表示されていない場合は、画面最下部にある「ノート」と書かれたボタンを押す

プレゼンの際には、ノートに書いてあるメモの内容を参考に発表する（図2-4）。

　ノートにはメモが書いてあってもよいが、読んではいけない。自分の頭で言いたいことを整理し、自分の言葉を紡ぎ出すようにする。これでこそ、熱意や思いが伝わるようになる。紙芝居のおじさんは、物語の文章を淡々と読んでいるのではない。抑揚をつけ、聞き手の視覚や聴覚を刺激し、感情を揺さぶる名調子で語ってくれる。だから面白いのだ。

スライドを送るときにはノート付きで

　僕は、プレゼンをするときに、同時にスライドを渡すことはほとんどしない。後で渡すことを伝えて説明を始める。最初に配ってしまったら、紙芝居を先へ先へとめくられてしまうからだ。少人数のプレゼンでプロジェクターが使えないケースでは、スライドを印刷した紙を渡すこともあるが、一言お願いをして一緒にめくってもらう。

図2-5　スライドとノートをPDFで出力

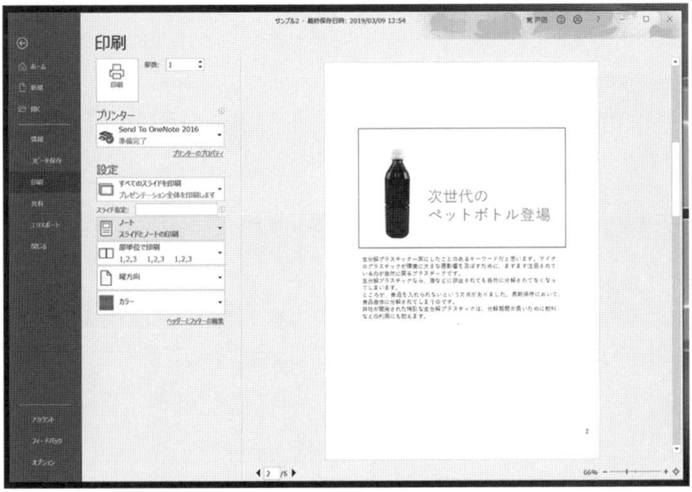

印刷時に「印刷レイアウト」を「フルページサイズのスライド」から「ノート」に切り替える。するとスライドとノートの同時出力ができる

　プレゼンに出席していない人に「スライドだけ送ってほしい」と言われることもよくある。実はこれが一番困る。口頭の説明を前提に作ったスライドを渡したところで、理解できるはずがないし、言いたいことが正しく伝わるはずもない。

　そこで、PowerPoint のノートを印刷する機能を使う。スライドとノートの内容を同時に印刷するのだ（**図 2-5**）。メールで送るには、プリンターの欄で「Microsoft Print to PDF」を選択して PDF ファイルにするとよいだろう。

　先ほどの例で「スライドを見せてほしい」という上司が説明の少ないスライドに納得しないという場合もあるかもしれない。そのときに、この方法で出力したノート付きの PDF を見せる手もあるだろう。

相手が聞きたい核心はどこにある？
キラーインフォメーションを探れ

今回のポイント

① 言いたいことだけ伝えるのは無意味
② キラーインフォメーションを考慮
③ 社内テンプレ流用は卒業しよう

「今回のプレゼンで最も重要な内容はなんでしょう？」

プレゼンのコンサルタントをさせていただく機会も多い。そのときには、最初に必ずこんな質問をする。すると、ほとんどの方が、商品やサービスの特性を答える。「旧モデルより優れた点です」「他社にはない機能です」といった具合だ。だがこれは、「自分や自社が言いたいこと」でしかない。

重要なのは相手の心に刺さるか

確かにビジネス上で、製品やサービスの差異化は重要なことだ。しかし、あなたが伝えたいことが、相手が聞きたいこととマッチしているとは限らない。プレゼンの目的は関心を持って聞いてもらうことであり、相手の心に刺さらなければ、どれだけ時間をかけても全く無意味なのだ（**図 3-1**）。

伝えるという意味で最も重要なのは「あなたが言いたいこと」ではなく、「相手が聞きたいこと」なのだ。これをキラーインフォメーションと呼ぶ。

いくら機能や性能を伝えたところで、相手が知りたいのが価格だったなら、キラーインフォメーションは価格であり、最も重要な内容なのだ。そのうえで、全体の構成を考えていく必要がある。価格を最初に言うか、最後に言うべきか……といったことを考える（詳しくは 29 ページからの第 2 章で説明する）。さらに、価格に絡めて自分が言いたいことを伝えれば、相手の記憶

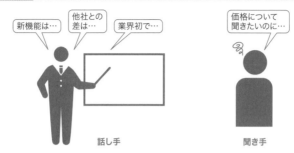

図 3-1　「言いたいこと」だけでは伝わらない

ただ言いたいことを話すだけでなく、相手が聞きたい「キラーインフォメーション」を考慮しなければ、関心を持って聞いてもらえない

に残してもらえる。

　例えば、スライド冒頭のタイトルを作る際、図3-2 の上と下のスライドではどちらの内容を聞きたくなるだろうか?

　機能や性能より、価格を知りたいという聞き手であれば、刺さるのは 2枚目のタイトルだろう。少なくとも「で、いくらなの?」と関心を持って聞いてもらえるはずだ。つまり、相手が聞きたいことをキラーインフォメーションにし、そこに自分が伝えたいことを絡めていくわけだ。

「取りあえずテンプレ」は卒業しよう

　スライドを作る際に、取りあえず社内で「過去に作った似たようなファイルがないだろうか」と探している方は、そろそろそんなやり方を卒業すべきだ。過去のスライドがどんなコンセプトで作成され、何がキラーインフォメーションだったのかも分からずに流用し、何となくお茶を濁したものを作ったところで、成果はたかが知れている。

　デザインを流用する程度であれば構わない。だが、話し手である自分の強みや、聞き手のことを考慮せず、構成や内容まで流用していては、きちんと伝わらないのだ。

図 3-2　タイトルで聞き手の興味を引き付ける

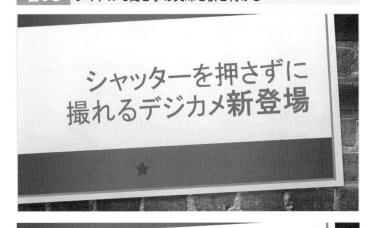

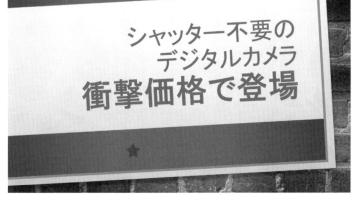

上は新製品の特徴を伝えるために、機能を強く打ち出したタイトルの例。下はキラーインフォメーションを「価格」と想定したタイトルの例。価格に興味がある聞き手であれば、一体いくらなのか早く知りたくなるだろう

Lecture **04**

テレワーク時代に必須のスキル 「オンラインプレゼン」攻略法

今回のポイント

① オンラインでは間が持たないことを念頭に
② 全体的にテンポを遅らせて話す
③ 5分程度のブロックに分ける

　新型コロナウイルスの感染拡大によって、一気にテレワーク（在宅勤務）が加速した。この流れは新型コロナが収束してもある程度は継続することだろう。誰もが「わざわざ出向かなくても打ち合わせはできる」という利便性を実感しているからだ。

　出社している状態で社内の同僚と会議をするなら、会議室への移動は長くても15分程度だろう。商談や打ち合わせで他社を訪問するとなると、往復だけで数時間かかることになる。交通事情によっては、1時間の打ち合わせのために、半日を費やすことも珍しくない。

🗒 プレゼンのオンライン化が加速

　この圧倒的な時間の無駄を排除する流れは、間違いなく加速する。オンライン会議やテレワークの効率のよさは、散々言われてきた。僕も以前からそのメリットをさまざまな記事に繰り返し書いてきたが、新型コロナウイルスによって、広く認識されたのは、少々皮肉ではある。

　この新型コロナ騒動が続く中、オンラインのプレゼンを繰り返し行い、試行錯誤しながら最適解を探し、ずいぶんコツがつかめるようになってきた。

　その成果の一つが「日経クロストレンド・ミートアップ」という2020年4月末に開催したオンラインイベントだ。本書のベースになっている連載

図 4-1　日経クロストレンド・ミートアップで講演

2020年4月末に開催した「日経クロストレンド・ミートアップ」。オンライン会議ツール「Zoom」でプレゼンを実演した

「『刺さる』プレゼンの極意」の読者に向けた企画だ（図 4-1）。

　本来は、イベントスペースで開催する予定だったが、緊急事態宣言下の感染拡大を防ぐため、オンライン会議ツール「Zoom」を使ってプレゼンを披露した。今後、新型コロナの影響が続けば、同様にリアルイベントをオンラインに切り替えるというケースは増えていくだろう。

　幸いにも日経クロストレンド・ミートアップでは、一定の手応えを得ることができた。担当者によると、ご覧いただいている方の離脱が「過去のオンラインセミナーで最も少なかった」という。ここでは、離脱を少なくするための工夫でうまく機能したと思われるものを紹介していく。

オンラインでは間が持たない

　従来の一般的なプレゼンでは、相手が目の前にいる。身ぶり手ぶりも使えるし、相手の表情を読み取りながら、進めていくことができる。オンラインでもある程度の表情は読めるが、空気感が全く違う。

　リアルなプレゼンでは表情を読み取って、質問を挟んでもらうこともできる。オンラインでは、基本的にそうはいかない。一方通行でしゃべって、ある程度のところで質問を聞くような形になる。

図 4-2 相手の表情をつかむのが難しい

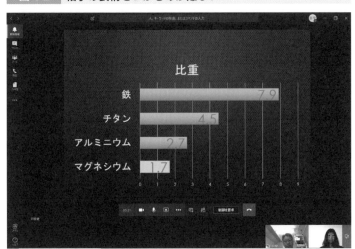

米マイクロソフトの「Teams」を使ってプレゼンをしている様子。こうしたオンラインプレゼンでは、聞き手の画面が小さく表示されるので、表情をつかむのが難しい

　リアルなプレゼンならワンテンポおいて、笑顔を作って聞き手の顔を見ることがある。これが聞き手の注意を引くうえでも良いアクセントになるのだ。プレゼンに慣れた人の上級テクニックだ。オンラインで同じことをすると、うまくいかない。操作に戸惑っているか、回線の調子が悪くて固まってしまったかのように見えてしまうのだ。

　とにかく、間合いがつかめず、間が持たない。これを理解したうえで、構成を考える必要がある（**図 4-2**）。

スライドと話しのテンポを遅らせる

　オンラインプレゼンでは Zoom や米マイクロソフトの「Teams」などの遠隔会議ツールを使って行うことになる。話し手や聞き手がリモートワークの場合は、自宅のインターネット回線でアクセスすることになる。これらはあくまでもベストエフォート回線で、微妙なタイムラグが発生したり、途切れたりすることもある。

　本書では、テンポ良く次々とスライドを切り替える「"秒速"プレゼン」

を推奨している（詳しくは Lecture 09 で説明する）。これを実演する場合でも、オンラインプレゼンのときには、スライドを切り替えるときなどに、意識して1〜2秒の間を挟んだ方がよいだろう。声が聞き取りづらいこともあるので、普段よりややゆっくり話す。

リアルなプレゼンにおいては、ときにはテクニックとして聞き手との空気感を生み出すための間を作ることがある。これに対してオンラインプレゼンでは相手にしっかり伝えるための明確さを維持するための間を「常に維持していく」必要がある。そんな考え方の転換が必要なのだ。

もちろん、スタート前には「聞き取りづらいときはいつでもおっしゃってください」と念を押しておこう。

オンラインの集中力は3分が限界

僕は、YouTube のチャンネルを持って活動している。本書で紹介しているプレゼンの技法だけでなく、Office ソフトやデジタルガジェットの活用法などを紹介している。

YouTube の管理画面を見ると、動画がどのように視聴されているのか、各種データを確認できる。もっとも興味深いものの1つが「視聴者維持率」のグラフだ（図4-3）。人気のある動画でも、3分を経過すると視聴者は半分

図 4-3 3分経過すると視聴者は半分程度に

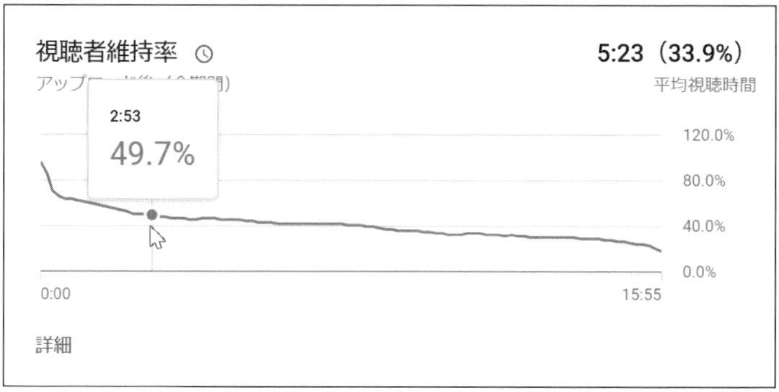

視聴者維持率 🕐   5:23（33.9%）
アップロード（10時間）   平均視聴時間

2:53
49.7%

120.0%
80.0%
40.0%
0.0%

0:00   15:55

詳細

YouTube 配信者の管理画面で確認できる「視聴者維持率」。動画の内容にもよるが、大半の視聴者は3分程度で離れてしまう、という傾向があるようだ

程度に減っていく。その理由は色々あると想定されるが、そこからの離脱率はゆっくりなのだ。

　つまり、半数ほどの人は、動画を見る集中力が3分程度しか持たないと想定される。だからこそ、開始3分が勝負だ。それまでの間に持てるプレゼン技法を尽くして、聞き手の心をつかまないといけない。本書はそのためのさまざまなテクニックを紹介していく。

　もちろん、興味のある内容なら集中力はもっと持つ。オンラインのプレゼンを聞くビジネスパーソンは、YouTubeよりも「見る気持ち」が強いと考えられる。それでも、集中力は5分程度だと想定して臨むべきだろう。

　テレワークでのプレゼンでは、相手は何をしているか分からない。画面を見ているように感じても、ブラウザーやメールを見ていることもあるのだ。どちらにしろ、自分が思っているより、相手は集中していないと考えた方がいい。画面を見ていても、集中しているのといないのとでは、理解度や伝わり方が大きく違ってくる。

　オンラインのプレゼンでは、「相手は集中してくれない」と考えて内容を構成していくべきだ。

5分ブロックでプレゼンを組み立てる

　集中していない相手の関心を引くためには、スライドをこまめに切り替えた方がよい。これはLecture09で紹介する秒速プレゼンの考え方そのものだ。細切れの情報をどんどん伝えることで、集中してくれる時間が長くなるし、間も持ちやすくなるのだ。

　スライドを細かく切り替え、合間に一呼吸おく。そうすることで、聞き手から質問を受ける、あるいは「今の部分は聞き取れなかった」という反応を得やすくなる。そうすることで、ネット越しのオンラインプレゼンで生じる相手との距離感を埋めるのだ。

　秒速プレゼンによる細切れのスライドを取り入れるだけでなく、構成にも一工夫を加えたい。前述のように、集中力は5分しか持たないと考えて、5分ブロックで組み立てていくべきだ。

　例えば、プレゼンの時間が20分なら、5分×4を目安に組み立てる。

図 4-4　5分の区切りでメリハリを付ける

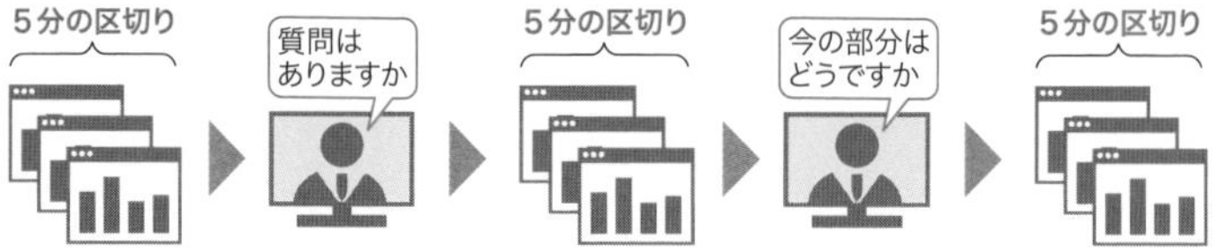

5分区切りで質問や感想を聞いていけば、オンラインプレゼンにメリハリが付き、聞き手の集中力を維持しやすくなる

パート1、パート2といった形で区切るといいだろう。5分ごとに、感想や質問を聞く小休止を挟むのだ（**図 4-4**）。

　20分の説明を連続で続けてしまうと、最後に質問を受け付けるにしても、どのスライドに対する質問かをいちいち確認していかなければならなくなる。「5枚目くらいのスライドにあった○○ですが……」という質問が来て、スライドをめくり直して回答するといった、面倒なやりとりが発生する。

　5分区切りで質問や感想を聞いていけば、スライドを振り返る必要はほとんどないだろう。しかも、質問の出方で相手の反応がつかめるし、必要なら「○○さんはいかがですか？」と振ることもできるのだ。

第 2 章

スライドの
構成を練る

Lecture **05**

スイッチをオンに導くプレゼン構成
秘訣はTVショッピングにあり

今回のポイント

① 構成はプレゼンの土台、とことんこだわる
② 重要な要素は最初か最後に持ってくる
③ 社内と外部の関心度の差に注意

　「あの人はプレゼンがうまい」と一口に言うが、その要因は多岐にわたる。話し方は大切だし、見出しなど文字の巧みさやデザインといった要素が与える影響も大きい。だが実は、その前段階として重要なのが「構成」だ。

　Lecture**02**でも説明したように、スライドは紙芝居と同じだ。紙芝居のストーリー、すなわち構成が支離滅裂では、見る気にすらなってもらえない。どのように構成すれば、聞き手を引き込めるのか。その秘訣を深掘りしていこう。

最後に「価格で落とす」常とう手段

　構成の大事さがとてもよく分かる好例が「ジャパネットたかた」などのテレビショッピングだ。「今回は今流行の○○をご紹介します」と始まり、製品の良い点を分かりやすく並べ、「お孫さんと一緒に楽しめますよ」などと購入後の生活をイメージさせる。さらに「特別下取りが1万円」「さらにプレゼント○○が付いて」と散々引っ張って、最後に金額をどーんと紹介。「なんと、4万9800円。金利手数料ジャパネット負担。限定○個なのでお急ぎください」と、こういう構成だ（**図5-1**）。

　商品が変わっても、この構成は基本的に同じだ。このテレビショッピングでは、ユーザーが最も興味を持っている情報は金額だ。つまり、キラーインフォメーションは販売価格になる。それを最後まで言わないわけだ。同社の

図 5-1　テレビショッピングの構成に学ぶ

今日は人気のカメラを紹介します

超高画質ですよ！お孫さんの写真もきれいに！

今ならなんと4万9800円！

特別価格
4万9800円！

テレビショッピングは製品を見せ、機能や利便性を紹介し、最後に価格を提示する。ワンパターンに感じるかもしれないが、その構成で商品は売れ続けている

CMを見慣れている人が多いので、「最後にいくらと言うのだろう？」と、ワクワクしながらその時を待つことになる。

　そもそも、テレビショッピングに関心がなかったり、販売される掃除機やカメラなどに興味がなかったりすれば、最後に至る前に見るのをやめているはずだ。つまり、このテレビショッピングでは興味を持っている人を引き付け、購入したい気持ちを高めてもらいつつ、最後に購入のスイッチを押してもらう構成を考えているのだ。

構成は「初頭効果」「新近効果」の2種類

　少し前の話だが、慶応義塾大学教授であった社会心理学者の榊博文氏にも、著書『説得と影響─交渉のための社会心理学─』の内容がプレゼンにも効果的だと考え、取材させていただいた。榊氏の理論はシンプルで、相手が知りたいと思っている重要な要素（つまりキラーインフォメーション）は、話の最初に持ってくるか、最後に持ってくるしかないと言う。中間は説得するためのストーリーとしてはNGなのだ（**図 5-2**）。

　最初に持ってくることで得られる心理的な影響が「初頭効果」だ。これは聞き手の関心が薄いときに有効だ。「なんと！　かばんがどれでも1000円です」と声を張り上げている商店がたまにあるが、まさに初頭効果で印象付けているわけだ。スーパーのチラシも、商品より先に金額が目に飛び込んでくる。プレゼンでも、最初にキラーインフォメーションを明示することで「試しに聞いてみるか」程度の意識でいた人の関心を一気に引き付けられる。

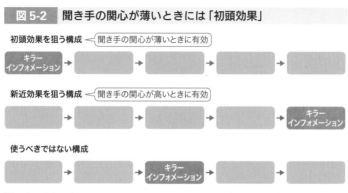

図 5-2 聞き手の関心が薄いときには「初頭効果」

初頭効果を狙う構成 ◀━聞き手の関心が薄いときに有効

キラーインフォメーション → □ → □ → □ → □

新近効果を狙う構成 ◀━聞き手の関心が高いときに有効

□ → □ → □ → □ → キラーインフォメーション

使うべきではない構成

□ → キラーインフォメーション → □ → □

聞き手の関心に合わせて、キラーインフォメーション（重要な項目）を冒頭に置くか、最後に置くかを決める

　逆に、聞き手の関心が高いときには、最後にキラーインフォメーションを置く。最後に得た情報に影響を受けやすいという人間の心理「新近効果」を生かす手法だ。ある程度は関心を持ってくれているので、「金額はいくらだろう」と最後まで身を乗り出すようにスライドを見てくれる。

　これを利用して、じっくりと製品やサービスの特徴やメリットを理解してもらい、最後に価格などのキラーインフォメーションを見せて一気に決断に踏み切ってもらうというわけだ。

社内向けプレゼンは一度構成を見直す

　ここで気を付けたいのは、あなたが言いたいことではなく、聞き手が知りたいことが何かを考えることだ。あなたの言いたいことが新製品のデザインの良さだとしても、顧客は価格を知りたいなら、価格をキラーインフォメーションに定め、その位置を考えていく。

　社内向けにプレゼンを作った場合、多くが新近効果を狙う構成になっているだろう。社内の人は内容に興味を持っているのだから、それで問題ない。だが、そのプレゼンをそのまま外部に持っていくのは早計だ。もしかすると、あまり関心を持っていない顧客かもしれない。その場合は、初頭効果を狙うのが望ましい。同じ商品でも、スライドの順番を変えるだけで相手を引き付ける力が変わってくることを、心にとめてほしい。

Lecture 06

何がキラーインフォメーションなのか？
25文字以内で考えを研ぎ澄ます

① 考えを整理するにはマインドマップに書き出す
② 市場全体を視野に製品の優劣を踏まえて考える
③ 25文字以内のタイトルを付けて明確化する

　キラーインフォメーションを冒頭に置くか、それとも最後に置くか。プレゼンの構成を組み立てるうえで最も基本となる考え方を紹介した。この話をすると「相手にとってのキラーインフォメーションが何か分からない。どうすればいいのか」と聞かれることがある。この答えは単純だ。言いたいことや考えを整理し、細部のプレゼン構成を煮詰めていけばいいのだ。

　プレゼンが苦手な方の多くは、このプロセスをすっ飛ばして、いきなりスライドを作り始めてしまう。「どんなことを言いたいのか」「キラーインフォメーションが何か」が漫然と頭の中にある状態で、整理されていないのに、そのことに気付いていない。

　プレゼンの柱がまとまっていないのに、とりあえず会社の誰かが作成したスライドを探して、流用しようとする。もしくは、PowerPointのテンプレートからデザインが気に入ったものを探して作り始めてしまう。

　これでは、プレゼンがうまくいくわけがない。まず、プレゼンの目的と目標をはっきりさせようではないか。そうすることでゴールも明確に見えてくる。

チャートを組んで相手の関心事を探す

　プレゼンの目的は「伝える」ことだ。あなたが言いたいことを正確に伝えることができれば、それがゴールになる。だが、聞き手はあなたが伝えたい

ことに関心を持っているとは限らない。そこで重要になるのが、相手の聞きたいこと、すなわち「キラーインフォメーション」をあぶり出す作業だ。

　例として、ある新製品を紹介するプレゼンを作るとしよう。製品にはいくつもの特徴がある。普通に考えると、単に特徴を「3大ポイント」などと並べていきたくなる。タイトルは、「待望の新製品　磨きあげた3つの魅力」といったところか。これで成功することもあるかもしれないが、その可能性はあまり高くない。自分が言いたいことしか伝えておらず、相手が聞きたいことを鍵にしていないからだ。

　ではキラーインフォメーションをどう導き出すのか。手順を追って説明しよう。まず自分の持っている情報を整理し、考えを整理する。そのためには、フローチャート（流れ図、以下チャート）を作ってまとめていくとよい。いわゆるマインドマップといわれるものだ。

　マインドマップのなんたるかを知っている必要はなく、頭の中にある考えを流れに沿って整理するだけの話だ。僕はマインドマップのアプリを使っている。WordやExcelにもチャートを作成する機能があるが、専用のアプリは簡単に扱えるように操作性を工夫している。こうしたアプリを使う方が、時短の効果が高いのだ。

　今回は、Windowsのアプリストアで購入できる「Mind Maps Classic」を使ってみた（**図6-1**）。自分にしっくりくるものが見つかり、チャートが作

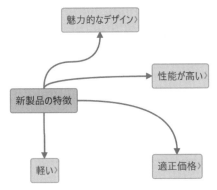

図6-1 マインドマップで自分の考えを整理する

細部の構成を練り、何がキラーインフォメーションかを導き出すには、マインドマップを使うとよい。画面の例はWindowsアプリ「Mind Maps Classic」

図 6-2　優劣を含め製品の特徴をまとめていく

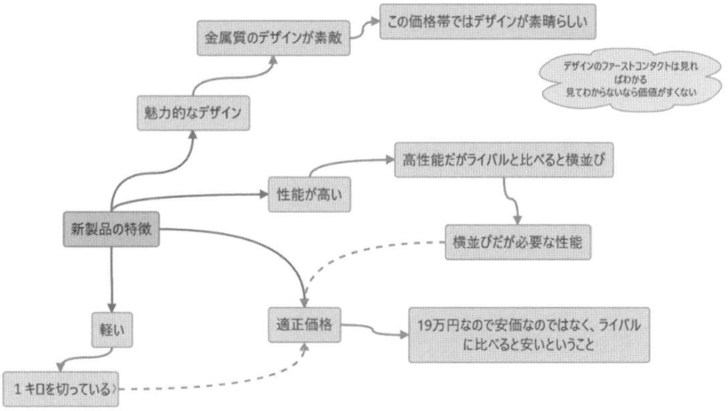

携帯ノートパソコンのプレゼンを作ると想定した例。まず製品の主要な特徴をピックアップする。それぞれの特徴を客観的に捉え、情報を追加していく。ここの例では、顧客視点で考えると、バランスのよい性能や機能を持ちつつ適正価格であることが魅力なのだと見えてきた

りやすければ、他のアプリでも問題ない。データ再利用の面で不利な面はあるが、もちろん紙とペンでも作成は可能だ。

　チャートを作るときには、頭の中で浮かんだ最も重要なポイントを数点記入し、それぞれについて連想した情報やアイデアを記入してつなげていく。最終的にプレゼンの中で不要になるものが含まれてもかまわないので、どんどんチャートを作っていく。市場全体を見据え、顧客（プレゼンの聞き手）にとって本当に価値がある情報かを判断するため、あえて否定的な視点も盛り込むのがポイントだ。つながりや位置がそぐわないと感じたら、入れ替える（図 6-2）。

伝えたい内容を25文字に収める

　チャートを作ると、頭の中がずいぶん整理できてくるはずだ。ここまでできたら、いよいよ準備は整った。全体を見ながら、聞き手が何に関心を持つのか、どんなことを知りたいのか——つまり、刺さる情報である「キラーインフォメーション」は何かをあぶり出していこう。

　考えを研ぎ澄ますには、チャートを基に相手が聞きたいであろう内容（プ

レゼン資料の冒頭に付けるタイトル)を、25 文字以内にまとめるといい。インターネット広告などを手掛けるある有力スタートアップ企業では、新事業提案のタイトルを 25 文字までと制限しているという。ビジネスを進めるうえの経験則として「言いたいことはたくさんあるけれど、伝わることは25 文字しかない」と定着していったのだろう。

30 文字でも悪くはないが、25 文字に制約することで、ムダな情報をそぎ落として伝えられることが明確になるということだ。

タイトルは市場の傾向も反映

漫然と「新製品の 3 大特徴(性能、軽さ、デザイン)と価格を紹介する」と考えていた状態から、チャートを作ったことで、「価格を 20 万円に抑えながら軽さと高性能を両立」というキラーインフォメーションが見えてきたとしよう。実際に相手に刺さるポイントであったとすれば、この時点でプレゼンの勝率は着実に高まっている。それを基にスライドの内容を聞きたくなるタイトルを考える(図 6-3)。

人というものは、まずタイトルで関心を持てなければ、聞く気にもならない。本来は全員が関心を持っているはずの、社内の新製品提案のプレゼンでさえ、実は多くが上の空で聞いていたり、ぼーっと聞いていたりするのだ。

「いや、ウチの社長や役員はそんなことない」という人もいるかもしれないが、心構えとしては、「半分くらいの人は聞く気がないものだ」と想定す

図 6-3 仕上げに 25 文字のタイトルを付ける

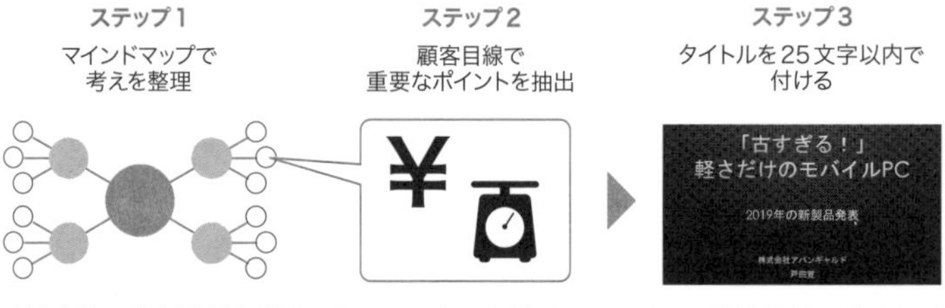

ステップ 1
マインドマップで
考えを整理

ステップ 2
顧客目線で
重要なポイントを抽出

ステップ 3
タイトルを 25 文字以内で
付ける

「古すぎる!」
軽さだけのモバイルPC
2019年の新製品発表
株式会社アバンギャルド
戸石世

市場全体の競争関係も視野に入れつつ考えを整理していくと、顧客目線で重要なポイント(キラーインフォメーション)が見えてくる。25 文字以内でタイトルを付けると考えをさらに研ぎ澄ますことができる

るといい。作り手は、そう想定したうえで、関心を持ちたくなる内容にすべきだ。

　どんなに聞く気がない相手でもタイトルだけは読む。だからこそ、少しでも多くの人が「へえ、聞いてみるか」とか「その先のスライドをめくって、理由を教えてくれ！」と思うような魅力的なタイトルを考えるのだ。

　僕が講演をするときにも、タイトルには徹底的にこだわる。展示会などイベントに来場した人が、講演の一覧表を開いたとき、タイトルが目を引けば、概要も読んでもらえる。それが聴講するかの判断につながっていく。タイトルがダメだったら、プレゼンの内容がどんなに素晴らしくても、入り口の時点で関心を持ってもらえない。

　例えば、今回の題材として取り上げた新製品は、「価格が手ごろで高性能かつ軽い」のが魅力だったとする。まずは市場を見てみよう。ライバル製品に「軽いものが増えている」ようなら、それを逆手に取ったタイトルを考える。「軽いだけの PC はもう古い」といった具合だ。「高性能な製品が増えている」なら、それを鍵にする。市場の動向をつかむことが「聞きたくなる情報」をあぶり出すうえで大切だ。

Lecture **07**

1枚目から順に作ってはいけない
まずは7枚の白紙スライドで骨格作り

今回のポイント

① いきなり1枚目から作り始めるのはダメ
② まず7枚のスライドで全体概要をまとめる
③ 7枚が固まったら肉付けして13～14枚に

　プレゼンの内容や大まかな構成が見えてきたら、いよいよ PowerPoint に落とし込んでいく。具体的なスライドの作り方は **Lecture 08** 以降で紹介していくが、ここでは構成の骨組みを作るベーシックな手段を伝授しよう。

　まず PowerPoint で「新しいプレゼンテーション」を開く。次に何をするか。「7枚の白紙スライド」を作るのだ（**図7-1**）。

　何をしたいのかと思うかもしれないが、要するにスライド全体を俯瞰（ふかん）することから始めようというのが、僕の提案だ。多くの人が、まずデザインを考えてテンプレートを選択し、冒頭のスライド表紙から1枚ずつ作っていく。それでは作業時間が見えずに、後半の作りが甘くなったり、ひどいときには完成しなかったりする。

まずは概要を書くだけでOK

　力を入れるべきはスライド全体の構成を考えて、各スライドに過不足なく時間を割り当てることなのだ。7枚のスライドを作るのは、考え方を整理しやすいだけでなく、作成作業の効率化や時短にも効果がある。

　7枚のスライドには、簡潔に概要を記入するだけでいい。例えば1枚目は「表紙」、2枚目は「企画コンセプト」、3枚名は「製品の目的」、最後の6枚目と7枚目は「価格などの情報」「まとめ」を配置するといった具合だ。

図7-1　新規に7枚の空白スライドを作る

PowerPointで7枚のスライドを作る。お勧めは「アウトライン表示」だ。「表示」タブの「アウトライン表示」で切り替えられる。左側のスライド一覧をクリックし、改行するとスライドを追加できる。6回改行するだけで、スライドが7枚できる。続いて、各スライドの概要を書き込んでいく

Lecture **01**で見たように、40分のスライドは13 〜 14枚が目安となる。7枚という数は、その半分に当たる。あえて半分の枚数に落とし込むことで、多すぎず少なすぎずバランスがよい構成ができあがる。

7枚のスライドに要素を書くと、全体構成の骨組みが見えてくる。順番が違ったと思ったらマウスでドラッグすることで修正可能だ。もちろんキラーインフォメーションをどこに持ってくるかも考慮する。

7枚の構成がまとまったら、次はスライドの枚数を増やし、合計13 〜 14枚に収まるようにしていく（**図7-2**）。ここでも、まずはスライド1枚ご

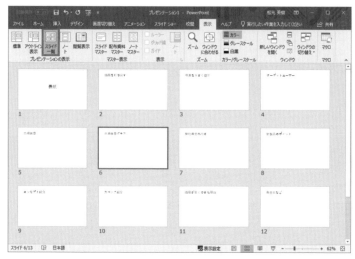

図 7-2 足りない要素を加えて 13 〜 14 枚に

7 枚の構成が固まったら、「スライド一覧」に切り替え、足りない要素を加えて肉付けし、13 〜 14 枚の構成にする。マウス操作でスライドを前後に入れ替えることも可能。一気にスライドの概要が完成した

との概要を入力するだけでいい。

見た目や細部の調整は後回し

　ここまでの作業で、スライドの骨格が完成した。残りの時間で、各スライドの内容を作成し、余裕があればデザインなどにも手を加えていくわけだ。スライドを 1 枚目からいきなり作り始めると、そもそも全体像が見えない。そのまま見栄えや細部の表現にばかり気を取られて、なんとなく作業していくことになる。それでは枚数が多すぎたり少なすぎたり、完成した後で不足が出てきたりするのがオチだ。こんなやり方では、やたらに時間ばかりかかって全体の完成度が向上しない。

　最も大事な全体の構成と、各スライドに盛り込む内容の全体像を捉えながら決めていくこと。これでスライド作りの大失敗がなくなる。スライドに必要な情報はすべて入っているのだから、ゴールは既に見えていることになる。限られた時間の中で、安定したスライドを作るためにはベストな方法の 1 つだ。

第 3 章

素早く
スライドを作る

30ポイント以下は小さすぎる！
文字サイズの新たな目安

今回のポイント

① 細かい文字は投影時につぶれやすい
② 読みやすさ優先なら文字は30ポイント以上に
③ スライドマスターで効率的にサイズ変更

　ここからは具体的なプレゼン資料の作り方について説明していこう。とはいっても PowerPoint の入門書のように基本的な操作方法を一から説明することはしない。書式に従った文書を作る Word、数値を扱う Excel と比べて PowerPoint はとっつきやすい。普段パソコンを使っているビジネスパーソンであれば、そうした基礎は習得済みだろう。本書ではその一歩、二歩先を行くノウハウを紹介していく。まずは文字のサイズについてだ。

　かつて「文字が小さすぎて読めない！」というメガネ型ルーペの CM が話題になったことがある。実はプレゼンのスライドにも同じことが言える。

細かい文字は潰れやすく読みづらい

　そもそも、適切な文字サイズでスライドを作っている人が少ない。プロジェクターで投影する場合、細かい文字がつぶれてしまい、とても読みづらいことがある。例えば、少し古いプロジェクターや小型のプロジェクターを使うとき。解像度が 800 × 600 ピクセルなどと低いことがあり、パソコンの画面よりも表示が粗くなる。会議室にスクリーンが用意されておらず、表面に凹凸がついた壁に投影することもある。

　これはオンラインプレゼンの場合でも同じだ。相手は画面の小さなモバイル PC で見ているかもしれないし、スマートフォンで表示している可能性も

図 8-1　大きな文字で大事な一言を提示

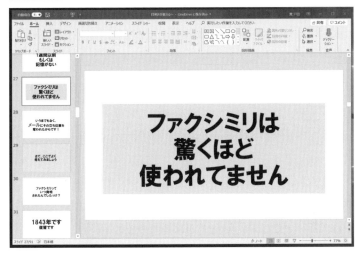

プレゼン時の話に集中してもらうには、スライドには細かい文字を書きすぎないこと。とにかく大きな文字サイズで、最も大事な一言を提示するくらいがちょうど良い

ある。聞き手の環境が分からない以上、文字は大きいに越したことはない（図 8-1）。

　改めて強調しておくが、読めないほどの文字なら、そんな文章は入れない方がいい。なんとか読めるけれど、目をこらさないとわからない文字も同様だ。ここまでに書いてきたように、そもそもスライドに文字を書きすぎるのはお勧めしない。読んでいる間、話者の説明が頭に入ってこなくなるのだ。

　これが読ませることが目的の Word の資料なら話は別だ。基本的には A4 用紙に印刷することを前提としたツールであり、標準の文字サイズのままで 10 ページを超えるリポートを出力しても、問題にはならない。パソコンの画面で Word 文書を読む場合でも、極端な縮小表示や小さなフォントにしない限り、文字がつぶれることはない。

10メートル先で文字幅は5センチが欲しい

　では、プレゼンのスライドで適切な文字サイズはどの程度だろう。正確なデータはないが、聞き手となる多くの人の視力は、0.8 ～ 1.2 前後であろう。

もちろんこれは、ビジネスの現場を想定した話なので、メガネやコンタクトで補正したあとの値だ。

視力と文字サイズの関係を、視力検査の指標で考えてみよう。健康診断でおなじみのランドルト環と呼ばれる「C」のマークを読み取る検査だ。この検査の指標では、視力 1.0 の人なら、5 メートル離れたときに直径約 0.75 センチメートル、10 メートル離れたときに約 1.5 センチメートルの C マークの切れ目が識別できるとされている。

とはいえ、C マークの切れ目は判別できても、同じサイズでもっと複雑な形状の文字の判別は難しいだろう。10 メートル四方、つまり 100 平方メートルのミーティングルームを使うと考えてほしい。50 ～ 70 人を収容できる規模の部屋だ。もう少し視力が弱い人もいる可能性も考慮すれば、1.5 センチメートルの文字ではほとんどの人が読めないことになる。10 メートル先で読めるようにするには、一文字の幅は 5 センチメートルはあった方がいいのではないか。

部屋の広さやスクリーンサイズの関係にもよるが、PowerPoint の文字サイズ設定の目安としては、最低でも 24 ポイント程度にしておきたいところだ。なお、24 ～ 28 ポイントの文字を幅 2 メートルのスクリーンに表示すると、4 ～ 5 センチメートル幅になる。僕としては、それ以上に大きな30 ～ 60 ポイント程度の文字を使ったスライドを作るのが好みだし、見やすいと思う。

標準サイズではスカスカになる

PowerPoint の標準といえる白紙のテンプレートでは、タイトルこそ 44 ポイントだが、箇条書きの第 1 階層は 28 ポイント、第 2 階層で 24 ポイントになる。なんとか限度ギリギリとはいえ、28 ポイントあるいは 24 ポイントという標準サイズは、訴えたいことにフォーカスしてシンプルに提示するという近年のプレゼンのトレンドにはそぐわない。文字を書きすぎないという原則を守れば、全体に空きスペースが多くなってしまい、スカスカな印象を受けるだろう (図 8-2)。

そこで、標準設定のまま使うのではなく、文字をもっと大きく設定する。

図 8-2　標準状態で文字を減らすと寂しい印象に

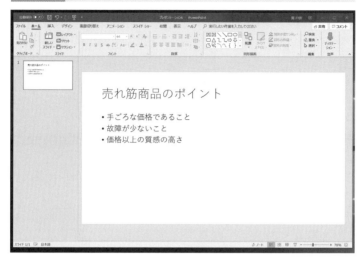

文字を書きすぎないという原則を守ったうえで標準のテンプレートでスライドを作ると、文字が小さすぎてスカスカになってしまう

タイトルが 60 〜 70 ポイント、箇条書きの第 1 階層が 35 〜 45 ポイント、第 2 階層が 30 〜 35 ポイント程度をお勧めする。もちろん、スライド全体のバランスを取った上で設定すべきだ。

スライドマスターで文字サイズを一発変換

　文字サイズを大きくし、さらに行間も広げるといった設定を加えると格段に見やすくなるはずだ。これで、めでたしめでたし……とはいかないところがプレゼン道の奥深いところだ。このサイズ設定を、スライドのページごとに手動でしている人はかなり多い。それではスライドのページごとに文字サイズがばらばらになってしまうし、スライドの枚数が多ければ、手間も掛かってしまう。

　そこでお勧めなのが PowerPoint の「スライドマスター」と呼ばれる機能だ。スライドマスターを使うと、スライド全体のデザインや文字サイズを管理できる。ここで文字サイズを大きくすると、同じレイアウト（文字の配置やサイズを指定したひな型）で作成してきたスライドすべてに変更が適用さ

図 8-3 スライドマスターで文字サイズを登録

「表示」タブを選択して「スライドマスター」をクリック。自分が使っているレイアウトが選ばれていることを確認して、「ホーム」タブを選び、文字サイズ、フォントなどを調整する。修正が終わったら「スライドマスター」タブに戻って「マスター表示を閉じる」を選ぶ

れるし、新しいスライドを作成しても自動的に文字が大きくなる。

　作業は慣れれば簡単で、スライドマスターを表示したら、普段のスライド作成と同じように文字サイズやフォント、行間などを変更すれば良い（**図 8-3**）。修正を終えたら、スライドマスターを閉じて、個人用のテンプレートとして保存する。これで、以降は新規にスライド作成を開始すると同時に、保存したテンプレートを選べば文字サイズが大きなスライドが自動で作成できるようになる（**図 8-4**）。作業がとても効率的になるはずだ。

　まだ使っていない方は、ぜひ設定してほしい。スライドマスターの画面では、左端の一覧リストで変更を加えたいレイアウトを選択できる。すべての

図 8-4　個人用のテンプレートとして保存

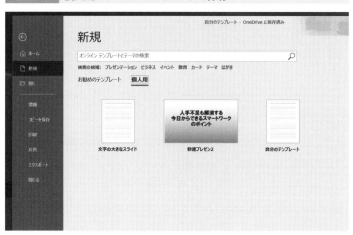

スライドマスターの使い方に慣れたら「名前を付けて保存」で「PowerPoint テンプレート(*.potx)」として「ドキュメント」-「Office のカスタムテンプレート」フォルダーに保存しておくと良い。新規にスライドを作成するときに、個人用のテンプレートとして選べるようになる

レイアウトのスライドマスターを設定する必要はなく、自分がよく使うレイアウトだけを調整すれば OK だ。

聞き手をひき付けて時間もぴったり「"秒速"プレゼン」の極意

今回のポイント

① 1分以内の切り替えで聞き手の集中力を高める
② 箇条書きをそれぞれ別のスライドに分ける
③ 話すのに慣れていない人もペースをつかみやすい

　図9-1は、あるイベントで僕がプレゼンテーションに使ったスライドの一覧だ。正味30分ほどのプレゼンに39枚のスライドを用意している。つまり、1枚のスライドにかける時間は1分を切っているのだ。分単位ではなく、秒単位で高速にスライドを切り替えていく。この手法を「"秒速"プレゼンテーション」と僕は命名した。

プレゼン中に聴き手が上の空になるワケ

　一般的なプレゼンでよく使われる手法といえば、箇条書きだ。例えば、新製品の特徴などを3つのポイントでまとめるといったものだ。タイトルと3行のポイントを書き、PowerPointの自動レイアウト機能「デザインアイデ

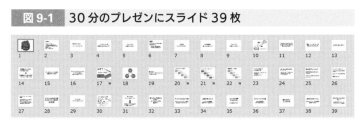

とあるセミナーで利用したスライドの一覧。30分で39枚だから、1枚のスライドを表示したら1分以内で切り替えていることになる

図 9-2　単なる箇条書きでもまとまるが…

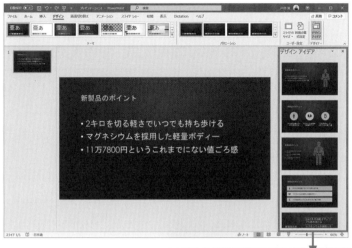

単なる箇条書きでも、最近の Power Point が備える「デザインアイデア」という機能を使えばなんとなく見栄えがするものができる。とはいえ、やはり「箇条書き」という使い古されたプレゼンの手法であることは変わりないし、聞き手をひき付けるスライドとは言いがたい

ア」を使えば、それなりの見栄えにまとめてくれる。「これで完成だ！」と、納得する人も多いだろう。もちろん、用途や使い方によってはそれでも全く問題ない（図 9-2）。

　しかし、こうした箇条書きという使い古された手法のプレゼンでは、聴き手は数秒でスライドに書かれたすべての情報を把握してしまう。そうなると解説を聴くまでもない……。あなたが解説を始めても聴き手は上の空で、「競合より 2 万円安いな」とか「マグネシウムなら軽くなるのか？」などと考

えているだろう。

　これではプレゼンとして成功したとはいえないのだ。

スライドを分けると集中してもらえる

　ならばタイトルと各項目を計４枚のスライドに分けてはどうだろう？　これが「秒速プレゼン」の基本的な考え方だ。

　全体感をざっくりと把握して欲しい、というのであれば、タイトルと３つの項目を１枚にまとめるのは正解と言える。だがプレゼンはいかに熱意を伝え、相手を説得できるかが重要なのだ。与えられた時間内に収まれば、スライドの枚数は問われない。１枚のスライドを３〜４枚に分割しても構わないのだ（図9-3）。

　１枚で説明に１分かかっていたスライドを、３枚に分けて、それぞれ20秒ずつどんどんめくっていく。スライドが分かれているので、聴き手は次の項目を見ることがなくなり、あなたの解説にしっかりと耳を傾けてくれるようになるのだ。

　スライドに書かれているのは、たった１行。スライドを開いた直後に、

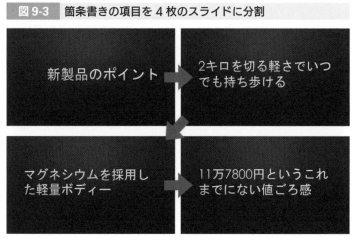

図9-3　箇条書きの項目を４枚のスライドに分割

タイトルと３つの項目を分けて４枚のスライドにした。このほうが聴き手の注意を引きつけやすい。同じ背景で一文ずつ並べただけだが、それでも情報が伝わりやすくなっていることを理解してもらえると思う

聴き手は文字からの情報を把握できている。そして「これはどういうことなんだろう」「もっと知りたい」という気持ちを抱きつつ、あなたの解説を待つスタンバイ状態になってくれるわけだ。

見せたいものしか見せないのが原則。それを踏まえると、スライドの正しい在り方が分かってくる。スライドは解説の補佐役という、本来の姿に立ち返ればいいのだ。

スライドを分けると、何をどう伝えればいいかが明確になる。すると「重量を比較するグラフがあったほうがいい」とか、「価格のスライドは一気に提示せず、『圧倒的な価格競争力』を示すスライドを挟んだほうがいい」とか、改善点も見えてくるだろう。

専用のレイアウトを作っておく

秒速プレゼンでは、要素をどんどん分解して、1枚のスライドに入れ込む内容を最小限に抑える。僕はそのために、専用のテンプレートをPowerPoint

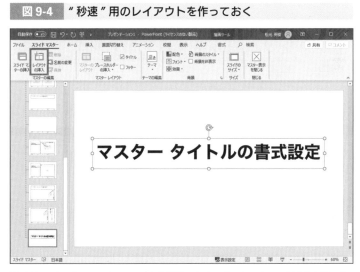

図9-4 "秒速"用のレイアウトを作っておく

「表示」タブの「スライドマスター」を選択。左上の「レイアウトの挿入」を選ぶと、独自のレイアウトが作成できる。ここではタイトルのみを残して、力強いフォントを選んだ。終了したら「マスター表示を閉じる」を選ぶ

図 9-5 作成したレイアウトを挿入

通常の編集画面に戻ったら「新しいスライド」ボタンを選ぶと、先ほどスライドマスターの画面で作成したレイアウトを選択できる。**Lecture 08** の図 8-4 で紹介した手順で、テンプレートとして保存しておくと良いだろう

で自作している。といっても難しい話ではなく、大きな目立つ文字をセンターにレイアウトしたスライドマスターを用意してあるだけだ（**図 9-4**、**図 9-5**）。

タイトルの入力だけでスライド量産

実際に秒速プレゼン用のファイルを作ってみると、手間がかからないことに気づくだろう。なにしろスライドの中央に文字を入力するだけだ。画面をアウトライン表示に切り替えて、タイトルを入力し、改行していくだけでスライドがどんどん出来上がる（**図 9-6**）。

写真の配置でも悩む必要がないのだ。例えば、従来の方法で 1 枚のスライドに 2 ～ 3 枚の写真を入れたいとしよう。写真をきれいに配置するのは意外と大変で、サイズや位置の調整に頭を悩ませることになる。

ところが、1 枚のスライドに写真が 1 枚だけなら悩む必要などない。見やすく大きくレイアウトするだけだ。もちろん、3 分かけて 3 枚の写真を説明するより、1 枚ずつ 1 分で説明したほうが聞き手に伝わりやすい（**図 9-7**）。

図 9-6　タイトル入力だけでスライドを大量生産

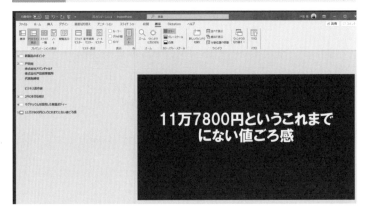

あらかじめ秒速プレゼン用のテンプレートを作成してあれば、あとはアウトライン表示に切り替えて、タイトルを入力していくだけでスライドができていく

図 9-7　写真もスライド 1 枚ごとに分散

スライド1枚に3枚の写真

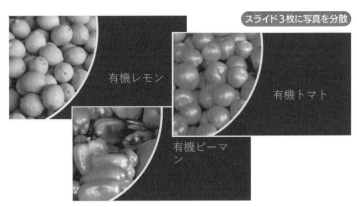

スライド3枚に写真を分散

1 枚のスライドに 3 枚の写真を入れるとレイアウトの調整に悩みがち。スライド 1 枚に写真 1 枚を配置するほうがシンプルだ

5分の話はできなくても1分×5枚なら間が持つ

　1枚のスライドにかける時間が短いと、説明するのがとても楽になる。スライド1枚について5分の話ができるか、試してみるといい。かなり長いと感じるはずだ。ところが1分で説明するスライドを5枚用意すると、同じ5分でもそれなりに間を持たせることができる。もし1分でも長いと思うなら、1枚当たりの平均は30～40秒でも構わない。

　人前で話をすることに慣れていない人、あるいは苦手な人こそ、細切れのスライドをどんどんめくっていく方が楽なのだ。不安があるのなら、ノートエリアにポイントを書いておけばよい。単に読み上げるだけにならないように気を付ける必要はあるが、それなりに話していくことができるだろう。

　情報を詰め込んだ1枚のスライドを使って話をする場合、どの順番で、どの項目の重みを持たせるかといった、そのスライドの中で話の構成を組み立てる必要がでてくる。十分な練習をしていないのであれば、それをその場のアドリブでこなさなくてはいけない。

　秒速プレゼンであれば、1つの話は1枚のスライドで完結する。というこ

図 9-8 話が苦手な人こそ秒速プレゼン

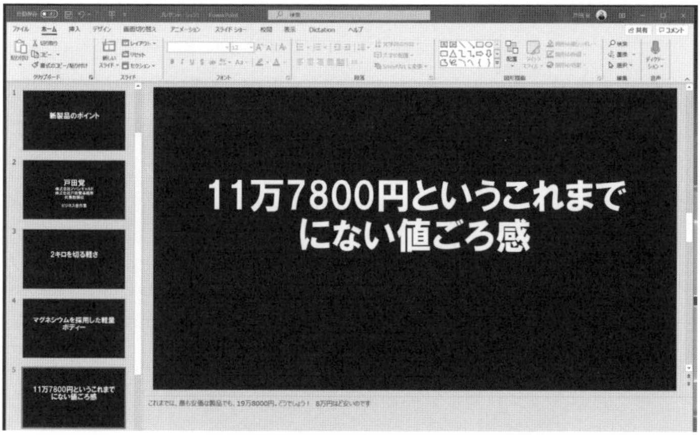

ノートエリアのポイントを読み上げる程度でも数十秒はかかる。スライドに合わせて話していくだけ、という安心感が持てるのは人前で話すのが苦手な人にも向いているだろう

とは、各項目の重みを考えたり、アドリブに頼ったりする必要もないわけだ。プレゼンの後で「あ、あの話を付け加えておけばよかったな」と後悔することもなくなるだろう。あらかじめ用意したことを順に口に出していくだけで、一定水準以上のプレゼンに仕上がるのだ（図 9-8）。

スライドの枚数が多いほうが時間を調整しやすい

　1 枚のスライドに 3 分、10 枚で 30 分かかるプレゼンをするとしよう。慣れていない人は時間の管理に苦労するはずだ。

　終了時間が迫っているのにスライドが何枚も残っている、となれば残りは駆け足で進めるしかなくなってしまう。逆に、残り 10 分もあるのに、最後のスライドに差し掛かっていたら最悪だ。せっかく確保してもらった時間枠を十分に生かせないことになってしまう。「えー、質問の時間を長めに取ろ

図 9-9　制限時間の調整もしやすい

スライド 1 枚当たり 1 分などと目安を決めておけば、時間の調整もしやすくなる。ノート欄に経過時間の目安を書いておく作戦も有効だ

うと思います」などと、ごまかすしかない……。

その点、1枚1分のスライドなら進行の度合いを把握しやすい。10分が経過した段階で、10枚目のスライドの説明が終わっていればいいわけだ。1枚30秒なら2倍の枚数を目安にすればいい（**図9-9**）。

何らかのトラブルで時間が足りなくなった場合でも、1枚当たり1分のスライドなら調整しやすい。説明にかける時間を1枚当たり30秒にすれば、残り時間は半分に短縮できるからだ。逆に引き延ばしたいなら、1枚当たりにかける時間を少し増やせばいい。言うまでもないが、3分の内容を1分半に短縮したり、6分かけて説明したりするのは大変だ。秒速プレゼンは、人前で話すことに慣れていないに人こそ最適な手法なのだ。

Lecture **10**

PowerPointを使いこなして
効率的に作る時短テク

今回のポイント

① 図もスライドもコピペを活用
② 1枚だけ色変更するにはコツがある
③ 過去のスライドを流用する方法も

 Lecture 09で紹介した"秒速"プレゼンはシンプルなスライドを多数作成していくのがポイントで、話に集中してもらいやすいという効果の他、スライドを作る手間を大いに省力化できるというメリットもある。

 この他にも PowerPoint の時短テクニックはたくさんある。ここでは基本的なものながら、意外と知られていない3つの技を紹介しよう。

 まずは「図形」の機能を使ってチャート図を作る方法だ。SmartArt と呼ば

図 **10-1** 基本図形を使って作図する

「ホーム」タブ、あるいは「挿入」タブの「図形」を選ぶと、基本図形が現れる。ここから挿入したいものを選ぶ

図 10-2 同じ図形を複数使うにはコピペ

同じサイズの図形を複数作るにはコピー・アンド・ペーストする。ここでショート
カットキー「Ctrl+D」を覚えておくと一発で操作できるので便利だ

図 10-3 複数の図形を選んで一気に整列

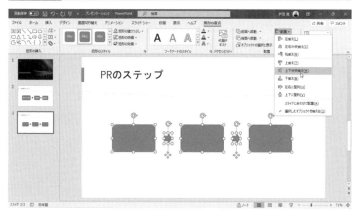

ある程度配置をしたら Ctrl ＋ A などで図形をすべて選択して「書式」タブの「配置」
から「上下中央揃え」を選ぶと、横に整列する。さらに「左右に整列」を選ぶと等間
隔に並べてくれる

れる作図機能もあるが、好みのものが見つからない場合、四角や矢印などの
基本図形を使って自分で作ることになる。

　PowerPoint では図を配置するときにガイドラインが出て整列してくれる
のだが、図形の数が多くなるとマウスの操作が面倒になってくる。そんなと
き「配置」の機能を使うとより効率化できる（図 10-1、図 10-2、図 10-3）。

“秒速” プレゼン「簡単操作バージョン」

　Lecture 09では、秒速プレゼンのためにスライドマスターで同じレイアウト
のスライドを連続生成する方法を紹介した。これは、頻繁に同じようなスラ

図 10-4　スライドを簡単操作で複製

1枚目のスライドを作ったら画面左の枠からスライドを選んで右クリックし「スライドの複製」を選ぶ。スライドを選んで「Ctrl+D」でもOKだ

図 10-5　背景の色を一部だけ変更

特定のスライドだけテーマやデザインアイデアの色を変える手もある。「デザイン」タブで「バリエーション」欄の右下にある下向きの矢印から「配色」選ぶ。好みの色を右クリックし「選択したスライドに適用」を実行すればいい

イドを作り続けるという場合に有効だが、もっと手っ取り早く同じようなスライドを作りたいときもある。そんなときには、1枚目だけ作成し、「スライドの複製」をすればよい（**図 10-4**）。単純な「Ctrl + C」から「Ctrl+V」というコピー・アンド・ペーストの操作では、デザインアイデアの背景を指定しているときに複製されないことがあるので要注意だ。

全く同じ見た目のスライドが続くと変化が乏しすぎると感じるときには、一部のスライドだけ、テーマやデザインアイデアで選んだ背景の色を変えてみるのはどうだろうか。「配色」の機能で色を選ぶときに、右クリックして「選択したスライドに適用」を選ぶのがコツだ（図10-5）。

過去に作ったスライドを生かす

丸写しはよくないが、既に完成しているスライドから、一部の必要なページを流用したい時もある。その場合は、「ホーム」−「スライドの再利用」でファイルを指定すればよい（図10-6）。デザインやレイアウトの手間が大いに省ける。

なお、PowerPointは以前と違って自動的にアップデートし、さまざまな機能を追加するようになってきた。数カ月に1度は新機能がないかチェックしておくと、より効率的に作業できることもある。

図10-6 従来作成したスライドを流用

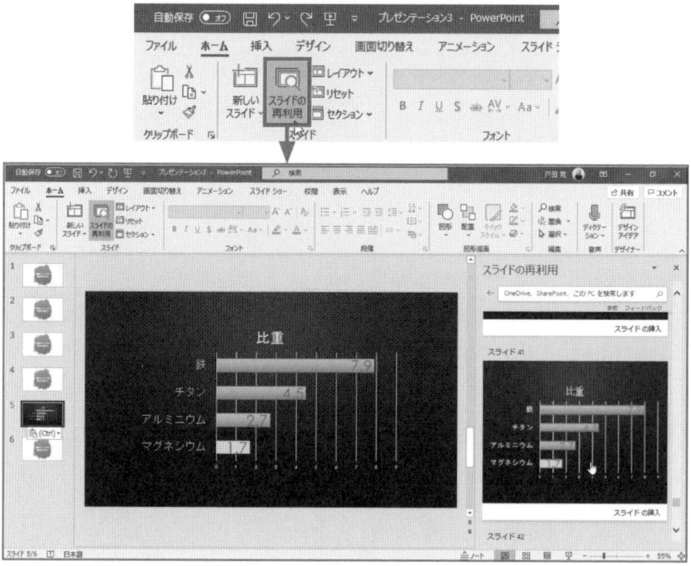

「ホーム」タブの「スライドの再利用」を選ぶとウインドウの右側に他のファイルのスライドが開く。流用したいものをクリックすればよい

Lecture 11

iPhoneなどスマホでスライド作成
空いた時間を有効に活かす

今回のポイント

① すき間時間を使って完成度を高めよう
② スマホアプリ「Microsoft Office」を使う
③ 予行演習にも重宝する

　ここまでスライド作りにできる限り時間をかけないための考え方やテクニックを紹介してきた。時間をかけずに完璧なものが仕上がるのなら、それでいいのだが、もっと手を加えて完成度の高いものにしたいときもある。しかし、業務に費やせる時間は限られている。

　重要なプレゼンであれば、本来は構成に時間をかけるべきだ。僕の場合は、机に向かってスライドを作る時間が1時間だとしても、構成はずっと考えている。移動中やコーヒーやお茶を飲むといった休憩時間にも「今度のプレゼンの構成はどうしたらより伝わるか……」と頭を巡らせているのだ。

　そこで提案したいのが、すき間時間の有効活用だ。例えば、ちょっとした待ち時間などに、スライドの構成を考えてはどうだろう。その気になるなら、入浴中でも寝る前の空き時間でもいい。

　すると、「結論の前に、納期が長くなる理由を紹介すべきだ」などと、ふと思いつくことがある。以前であれば、こんな思いつきを忘れないように手帳などにメモする必要があった。今はスマートフォンを使えば、簡単にプレゼンのスライドを直接編集できるのだ。これを利用しない手はない。

データ連係にOneDriveを使う

　あくまでも作成の主役はパソコンだが、移動中にちょっと使うデバイスと

図 11-1 スマートフォンでプレゼン構成を練る

iPhone でアプリ「Microsoft Office」を起動し、パソコンと同じマイクロソフトのアカウントでログインすると、OneDrive に保存したファイルが表示される

してスマホを活用しようというわけだ。

　パソコンとスマホを連携して使うには、米マイクロソフトのオンラインストレージ「OneDrive」にスライドを保存すればよい。スマホには、アプリ「Microsoft Office」をインストールすれば、スライドが開けるようになる。もちろん、パソコンもスマホも同じマイクロソフトのアカウントを入力するのが前提だ（**図 11-1**、**図 11-2**）。この画面は iPhone 用だが、Android スマートフォンでも同じように利用可能だ。

図11-2 テキスト書き換えも簡単

作成途中のスライドを開いたところ。スマホでもスライドのタイトルなどが簡単な操作で編集できる。画面下部をドラッグすれば順番の入れ替えもできるので、構成をじっくり検討するためにも活用できる

スマホでプレゼンの練習をする

このスマホアプリを使って、プレゼンの練習をしてはいかがだろう（**図11-3**）。

スマホでの練習なら、いつでもどこでも簡単にできる。パソコンを使った練習よりも気軽だろう。10分程度の空き時間でもいいのだ。スマホの画面でスライドをめくって何を話すべきか頭の中で思い出すか、ときには小声で口に出すことを繰り返す。すると、また補足すべき部分や、改善すべき部分が見えてきて、完成度を高めることにつながるだろう。もちろん、練習は本番にも必ず役に立つはずだ。

図 11-3 手元のスライドでミニ予行演習

Android スマホの「Microsoft Office」を開いた例。本番の予行演習をする用途にも使える。スライドショーを使って画面全体に表示することも可能だ

　スマホで練習をする方法は、プレゼンの構成を練るのとほぼ同様で、アプリ「Microsoft Office」でスライドショーを実行するだけで OK だ。画面を横にして全体に表示すると見やすいだろう。

第4章

デザイン
効率化の技法

Lecture **12**

必要以上のビジュアルは入れない
「引き算」で考えるのが正しい

今回のポイント

① 人の視線が捉える順番を把握する
② 写真やイラスト要素は最低限に
③ アニメーションも極力使わない

　スライドを作成する際に「どんなビジュアルを入れようか」と悩む人が多い。これは"秒速"プレゼンの考え方を取り入れた新しいプレゼン手法に照らし合わせると、全く逆なのだ。どのビジュアルを取るべきかと、引き算で考えるのが正解だ。

　ここで言うビジュアルとは、イラストやグラフ、写真などだ。スライドを作る際に、空白を気にする人が多い。「スカスカに思われる」というわけだ。空いているスペースに、美しい写真でも入れておこう——となる。すると、本来注目してほしいタイトル（見出し）やキーワードではなく、写真に目がいってしまうのだ。単なる穴埋めのつもりの写真や図が、実は主役になってしまうのだから困る。

人は「まずカラー写真を見る」

　まずはスライドの中で、聞き手がオブジェクト（構成要素）を見る順番を把握しておこう（図 12-1）。

　例えば、新聞や雑誌を開いたときに、人は最初にカラーの写真を見る。これは人間工学の大学教授に教えていただいたもので、そういう習性が人にはあるのだ。ムダな写真を入れると、場所を埋めているだけなのに、最初にそこを見られてしまい、頭に残るのはその写真になる。

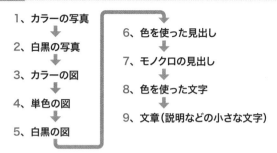

図 12-1　人がオブジェクトを見る順番

1、カラーの写真
2、白黒の写真
3、カラーの図
4、単色の図
5、白黒の図
6、色を使った見出し
7、モノクロの見出し
8、色を使った文字
9、文章(説明などの小さな文字)

人が新聞や雑誌などを読むときに、目に付くオブジェクトの順番を表している。当然、プレゼンのスライドでも聞き手は同様の順番で視認していく

PowerPoint に「デザインアイデア」という素晴らしい新機能がある。例えば、記載した内容に合わせたアイコンを表示できるほか、「Office Insider」というプログラムに参加すると表紙の写真も自動で生成してくれるのだ。

アニメーションも極力使わない

この機能を使うとしても、背景には意味のないパターンなどを使うことをお薦めする。例えば、「環境に優しい新製品だから、地球の写真を使えばいいだろう」などと考えがちだが、表紙で地球を見せられても、それが紹介したい製品やサービスに結びつくとは限らない。「なぜ地球なのだろう」と、ムダなことを考えさせてしまう可能性があるのだ(**図 12-2**)。

PowerPoint が登場した当時は、アニメーションに感動したものだ。僕自身、昔書いた本や記事では「アニメーションを有効に使おう」と訴えてきた。

最近では、ムダなアニメーションを入れるのは、実は好ましくないと考えている。街の中華料理店の様子を思い浮かべてほしい。誰もが、料理がくる間にテレビを見ている。ヘタをすると、料理を食べている間もテレビを見ている始末だ。お腹はいっぱいになっているが、味の記憶よりテレビの記憶が残るだろう。人は、動いている映像を見てしまう習性があるのだ。

図 12-2 表紙のイメージには意味を持たせない

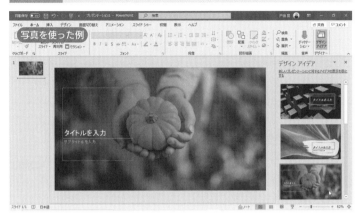

表紙で意味のある写真を使うと、相手を考えさせてしまう（上）。それだけでは意味を持たないパターンなどがお薦めだ（下）

イメージ動画は1分以内に抑える

　実は、**図 12-1** の図で表示したカラーの写真よりさらに上の階層がある（**図 12-3**）。スライドにアニメーションがあると、まずそれを見る。あなたの説明よりもアニメーションの動きが気になってしまうのだ。例えば、箇条書きを順番にアニメーションで表示するのは悪い手ではない。だが、「次が出てくるかな」と、無意識に思ってしまう人が出てくる。すると、あなたの

図 12-3　人がオブジェクトを見る順番（2）

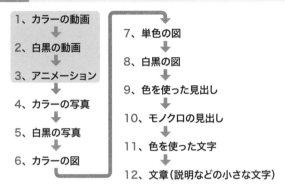

動画やアニメーションなど動きのあるオブジェクトは写真よりも人の目を引き付け
る効果がある

説明が上の空になるのだ。箇条書きを順番に説明したいなら、スライドを３
枚に分ければいいだけの話だ。

　もちろん製品やサービスの重要な特徴に注目させたいときにはアニメー
ションを活用すべきだ。例えば、エアコンの新製品が作り出す空気の流れを
アニメーションの矢印で見せるといった具合だ。

　「ここでイメージ動画をご覧ください」などと、会社の用意した出来合い
の動画を使うというパターンも多い。こうした動画は１分程度に収めるべ
きだ。長くなるほど、あなたの説明時間が失われる。ムダな部分はしっかり
とカットするなど、きちんと編集すべきだろう。

白バックにグレーが基本
色使いはシンプルに徹する

今回のポイント

① 色使いの原点は白いバックに黒文字
② バランスを取るには文字を濃いグレーに
③ アクセントを付けるには「差し色」も

　一口にスライドを作ると言っても数え切れないほどのやり方があるのだが、多くの人は、まずテンプレート（またはテーマ）を選んで作り始める。テンプレートを否定するつもりは少しもない。僕も利用している（**図 13-1**）。

　問題なのは、テンプレートの色合いだ。テンプレートでは、背景やその他

図 13-1 さまざまなテンプレートが選べるが…

PowerPoint で「ファイル」から「新規」を選んだところ。さまざまなテンプレートが表示されるが、色合いなどしっくりくるものがうまく見つからないこともある

の色が組み合わせになっていて、それぞれ半自動で選ばれるようになっている。そのまま使うと、どうも見づらく、文字が読みにくい場合がある。

　そこで提案したいのは、無地の背景にするか、シンプルなデザインのテンプレートを選ぶことだ。その上で、文字やアクセントになる部分だけを、手っ取り早く自分なりの色合いに変更する。普段から色合いのルールを持っておけば、悩む必要もない。

　日々の商談などで使うスライドの作成では、デザインに時間をかけすぎないほうがよいというのが、本書のテーマでもある。この方法を取れば、多くの時間はかからないはずだ。

　とはいえ、僕は自分にデザインのセンスが十分にあるわけではないと思っている。聞き手の立場で受け身になっているときは「ダメなデザイン」はよく分かる。ところが、自分でデザインするとどうも納得できないことがあるのだ。自分で分からなければ、専門家に聞くというのが、我がプレゼン道のモットーだ。ということで、デザインのプロにスライドの色の使い方について教えていただいた。KOM&CO.DESIGN の代表である小牟田啓博氏だ（図 13-2）。

　小牟田氏は、KDDI で魅力的なケータイやスマホを数多く生み出した「au design project」をけん引した他、電子機器や清涼飲料水など数多くの製品デザインを手掛けている。僕自身は 20 年近く前からプレゼンの取材をさせ

　図 13-2　デザインのプロに色使いのコツを聞いた

KOM&CO.DESIGN の代表である小牟田啓博氏に、スライドの色使いについて教えてもらった（写真／菊池くらげ）

ていただいている。

　「そもそも全くセンスがない人はほとんどいないと思います。多くの人が、デザインや色について知らないだけ、学んでいないだけなんです」と小牟田氏は話してくれた。逆に考えると、誰でも基本を学べば、ある程度の色使いができるということだ。今回のテーマは、入門の入門。最初の質問は、誰でも失敗しにくいシンプルな色使いの基本についてだ。

白に黒文字は日本文化の潔さ

　ちょうど数日前に大きな仕事の提案をしたという小牟田氏は「そのスライドは、ほとんど白い背景で、色を使わないシンプルなものでした」と話してくれた。デザインのプロというと、さまざまなテクニックを駆使し、多彩な色を使い分けているというイメージがあるので、ちょっと意外な気もする。

　なぜシンプルな白バックなのか。「デザインで失敗しないためには、足し算をしないことです」。そもそも日本の文化は引き算だと言う。つまり、そぎ落としたシンプルな色であるほど失敗しにくい。だからこそ白バックなのだ。

　白バックに最も映えるのは黒い文字だ。白バックに黒文字。まるで書道のような、最高にシンプルなスライドだ。ただそれでは、ちょっとつまらない気もする。率直にそうぶつけると「まず見やすいことが重要です。デザインの良しあしの前に、むやみに色を使って見づらくなっては話になりません」と、くぎを刺しながらも、一歩先のテクニックを教えてくれた。

　文字は真っ黒ではなく、微妙にグレーに近付けた黒を選ぶのだという。「真っ黒って世の中には意外にないものなのです」と小牟田氏。例えば、子供に黒い影を付けた絵を描かせると、黒い絵の具で塗りつぶしてしまうが、実際には真っ黒な影なんてない。すべて濃淡のある色を持っている。

　だからこそ、スライドの文字も真っ黒にするのではなく、ほんの少しだけグレーに近付ける。実際に試してみると、それだけでスライド全体にぐっと落ち着きが出てくる（図 13-3）。

　文字の大きさによって、グレーの濃さを調整するというテクニックも紹介してくれた。濃い色にすると、文字が小さくても強調できる。そのため、タイトルなどの大きな文字はやや薄めのグレーにしておき、それ以外の説明文

図 13-3 文字は真っ黒ではなくグレーに

タイトルの大きな文字

- 箇条書きや説明の小さな文字
- 箇条書きや説明の小さな文字
- 箇条書きや説明の小さな文字
- 箇条書きや説明の小さな文字
- 箇条書きや説明の小さな文字
- 箇条書きや説明の小さな文字

PowerPoint の白地背景にタイトルや箇条書きの文字を書いてみた。標準の文字色は真っ黒。これを少しグレーに切り替えてみると、それだけで確かに落ち着いた雰囲気になる

図 13-4 文字サイズで色の濃さのバランスを取る

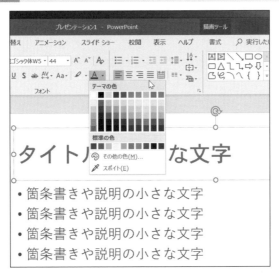

PowerPoint で文字の色を選んでいるところ。タイトルは薄め、説明文の小さな文字は濃いめのグレーにすることで、バランスが良くなる

はそれよりは濃いグレーにすると、全体のバランスが取れて、小さい文字が読みやすくなるのだ（図 **13-4**）。

グレーではなく、もうちょっと色にこだわってみたい、という人もいるだろう。その場合は白バックに映えるように、ネイビーなど黒に近い色を選ぶとよいという。

素人っぽさが出る色の選び方とは

　白バックにグレーの文字。さらに必要なら差し色を1色加えてもよい。差し色とは、基本色の他に、アクセントとして加える色のことだ。文章の中で特に強調したい文字、矢印、吹き出しなどに差し色を使うケースが多い。

　「差し色は、好みでかまいません。製品や会社のイメージカラーなどを使うのもよいと思います」と小牟田氏はアドバイスする。例えば製品の写真を掲載し、その製品がグリーンだとする。その際は、差し色もグリーンにすると、統一感が出てくる。ただし、似ているけれど違うグリーンを選んでしまうと、デザイン上のバランスが崩れ、いかにも素人っぽさが出てよくないのだという。コーポレートカラーやブランドの RGB 値が分かる場合は、PowerPoint の色設定で指定してもいいだろう（図 13-5）。

　差し色はどんな色を選んでもよいのだが、もし文字色で黒やグレー以外の

図 13-5　色を RGB の数値で指定する

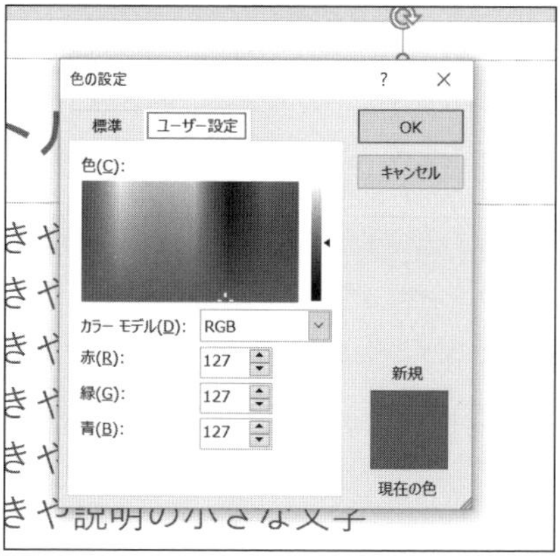

文字色を選ぶアイコンの右側にある小さな下向きの三角形をクリックして、「その他の色」を選ぶ。さらに「ユーザー設定」タブをクリックすると色を RGB 値で指定できる

図 13-6 差し色は別系統の色から選ぶ

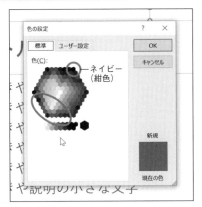

文字色にネイビー（紺色）を選んだ場合はカラーチャートで反対側に位置する色（左下の部分）を、差し色に指定する

色を選んでいる場合は要注意だ。文字色と差し色がバッティングすると、読みづらくなってしまう。PowerPoint のカラーチャートを開き、文字色とは反対側に位置する色から、差し色を選ぶとよい（**図 13-6**）。

いずれにせよ差し色はあまり使い過ぎず、あくまでもアクセントとして加える程度に抑えるのがコツだ。小牟田氏が実際に作ったカタログなどを見せていただいたが、確かに配色はシンプルで、差し色はごく少しだけだった。

デザインのプロがこれほどまでにシンプルなのだから、我々は、よりシンプルであるべきだろう。スライドは、目立てばよいわけではない。内容を正しく伝えることが、その使命なのだ。

黒バックは色の競合に注意

小牟田氏に見せてもらった別のパンフレットは、クールな黒バックだった。我々も黒バックを使うのはアリなのか。プレゼンをする際にはプロジェクターを使うことも多い。光の反射が少ない黒バックのほうが目の疲れを感じにくいかもしれない。小牟田氏は、見やすさなどの理由があれば黒バックを選んでもいいとしながらも、やはり白バックがお薦めだという。というのも、背景に色を敷くのはかなりの上級テクニックだからだ（**図 13-7**）。

図 13-7 黒バックは上級テクニック

小牟田氏の作ったパンフレット。黒を基調としており、色数は少ない

　例えば黒い背景に赤い差し色を使うと色が競合して見づらくなる。その場合は、ワインレッドにするなど落ち着いた色を選ぶ工夫が必要になってくる。もし黒以外の赤や緑などを背景色に選んだら、さらに色の競合に気を使わなければならない。我々は安易に手を出さないほうがよい領域なのだ。

　小牟田氏は、デザインは言語のようなものだと言う。例えば、英語に自信のない人が、小難しいことを英語で言おうと思ってもうまくいかない。シンプルに英単語を並べたほうが伝わることもある。デザインでも「相手に対して見やすくするという配慮をすれば、自然に及第点のデザインになるはずです」と小牟田氏は話す。

　本書では、聞き手が何を求めているかを考慮することの重要性を説明してきた。デザインや色の選び方においても、相手への配慮は不可欠なのだ。

　ちなみに、小牟田氏が使っているパソコンは Mac だが、我々と同じ PowerPoint を利用することがほとんどだという。プロだからといって特別なツールを使っているわけではないのだ。

Lecture **14**

スマホで日常風景を撮りためて 自前のストックフォトを作る

今回のポイント

① 日々の写真を撮りためておく
② 制限なく自由に利用できるので便利
③ 撮影しておくべき写真は大きく3種類

　誰もがスマートフォンを携行するようになり、いつでも、どこでも手軽に写真を撮影できる時代になった。そこで、お勧めしたいのがプレゼンテーションの素材として使えそうな写真を用意しておくこと。撮りためておいた写真を、後日プレゼン資料の作成に利用するのだ。

　Lecture 12では無駄なビジュアル要素は避けることを推奨したが、もしあなたが写真の腕にちょっとでも自信があり、日ごろの撮影を楽しんでいるのであればそれを生かさない手はない。ここぞという部分で活用するべきだろう。

　いろいろな写真をインターネット上で提供するストックフォトサービスもあるが、商用利用は不可、著作権を示す表記（クレジット）を入れなければいけないなど制約があることも少なくない。

　自分のストックフォトなら完全無料で自由に使える。普段の街歩きや旅行、日々の仕事の移動中などでも、プレゼンに使えそうな素材があったらサクッと撮影しておこう。「いつか使いそうな写真」を普段から撮りためておけば後で役に立つことも多い。後から「あのとき撮っておけばよかった」では遅いのだ。

　撮影すべき写真は大きく3つに分かれる。1つは汎用的に使えそうなものだ。僕の場合は空の写真を撮りためている。スライドの背景などに使う機会が多いからだ。また、季節感のある花や果物、野菜なども撮影している。風鈴やクリスマスツリー、秋祭りなども撮っておくといいだろう（**図 14-1**）。

図 14-1 普段から写真を撮りためておく

空や海など自然の風景、季節感のある花や雪の写真も重宝する

図 14-2 ビジネスを連想させるシーンを狙う

標識やマークなどを撮りためておくとビジネス上の「選択」「分かれ道」といったシーンで利用できるだろう

　2つ目は自分の仕事に関連しそうな素材。僕の場合はビジネス書を執筆することが多いので、それに使えそうな素材を撮影する。標識がたくさん並んでいる写真は「選択のポイント」というスライドの挿絵として使えるし、多くの人が街中で歩く雑踏の写真なら「利用者が多いこと」のイメージ写真に使える（**図 14-2**）。

　３つ目は、ズバリ自分の仕事そのものの写真だ。陳列されている自社製品、イベントの様子などの写真を撮っておく。製造業なら工場の写真をたくさん用意しよう。工場全体もいいのだが、機械のアップなども後で使えるケースが多い。

　イメージとしてどんな写真を使おうかという意識を、常に頭の片隅に置いておくのが大事だ。日々の仕事や生活の中で被写体はいくらでも見つかる。すかさずスマホを取り出して撮影しておくわけだ。

　撮影した写真をジャンルごとに分類するといった整理をしておけば、利用するときに便利だ。とはいえ、無理に手間をかける必要はない。自分でどんな写真を撮ったかは案外覚えているものだ。スマホやパソコンの中で撮影日順に表示できる状態にさえしておけば、「そういえば、あのときあんな写真撮ったな」というときでも、さほど苦労せずに目的の写真を探し出せるだろう。

写真ベタ置きはカッコ悪い
見栄えを高める切り抜き術

① 集合写真ではなくモノを個別に撮る
② 写真の「切り抜き」で自由度アップ
③ スマホ写真の切り抜きアプリもある

　写真の撮り方に自信がない人でも、それなりに見栄えがするスライドを作る方法を紹介していこう。もちろん、短時間で作れないと意味がない。手間暇をかけないことを目指すのはこれまで通りだ。

　撮影に自信がある人が撮った写真でも、実はプレゼンのスライドに使うに

図 15-1　ありがちなモノの「集合写真」

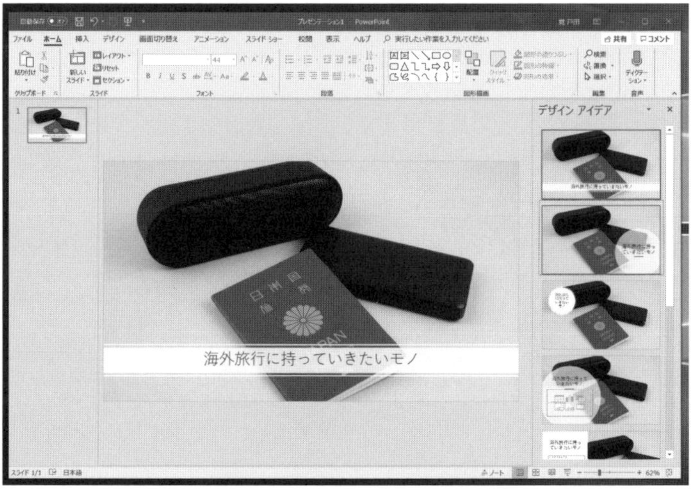

![図 15-1 PowerPointの画面]

海外旅行に持っていきたいモノ

説明的なスライドには、このような複数の製品を並べた写真はやや使いにくい。文字が写真に重なってしまう場合があるからだ。背景の色合いとも合わせにくい

は適さないことが多い。特に商品の写真撮影は難しい。日常の風景や人物スナップのように、スマートフォンのカメラで簡単に撮ればいいというわけにはいかない。

プロのカメラマンは、余分な影を出さずに光をどう当てるか、雰囲気を出すためにどうピントを調節して背景のボケ味を生み出すか（あるいは出さないか）、背景をどう作るか、といったテクニックを持っている。使っている機材も素人のものとは違う。普段我々が広告やパンフレットで見かける製品は、そうしたテクニックに基づいて撮影されている。

そうしたプロの写真に見慣れていると、よほど写真が得意という人でない限り、素人が撮影した製品写真は見劣りしてしまうことが多いのだ。とはいえ、コストや時間の関係で、どうしても自分で撮影した写真しか用意できないこともある。そんなときには、「切り抜き」を使うのが最近のトレンドだ。

切り抜けば背景を気にする必要なし

切り抜きとは、写真の中から製品だけを抜き取り、背景を透明にして消し

図 15-2 「切り抜き」写真で扱いやすさ向上

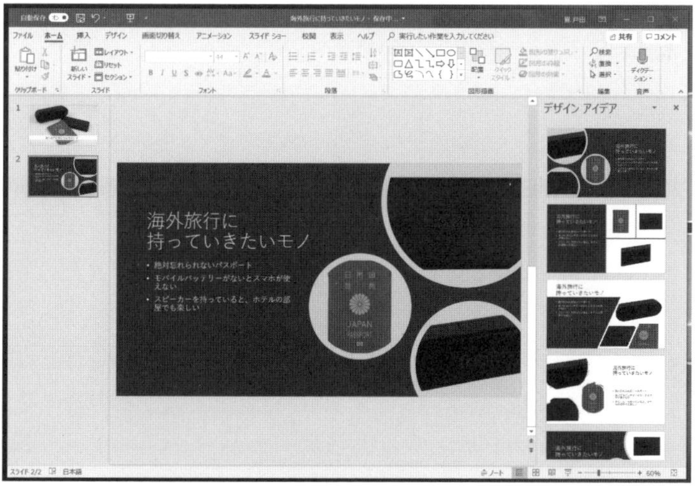

切り抜いた写真を利用すると、写真の自由な配置がしやすくなる。ウインドウ右側のデザインアイデアから好みのものを選んでもいいだろう

図 15-3 PowerPoint の写真切り抜き機能

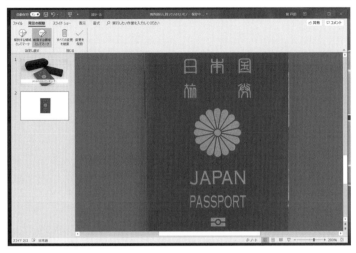

PowerPoint のスライド上の写真を選び、「図ツール」から「書式」の「背景の削除」ボタンを押す。すると削除する背景が自動で検出される。はみ出している部分があれば、「削除する領域としてマーク」または「保持する領域としてマーク」を選んで調整する

てしまう画像処理のこと。背景に余分な影が映っていても、きれいなバック紙がなくても、背景を消してしまえば問題ないわけだ。被写体にしっかりピントさえ合っていれば何とかなる。

　プレゼンのスライドで使ううえでは、注意点がもう一つある。説明したい製品が複数ある場合、一緒に並べた"集合写真"ではなく、それぞれを別々に撮っておくということだ。製品を並べた写真は、説明の文字を重ねるときに自由度が下がってしまう（図 15-1）。それぞれを別に撮った写真を切り抜きして使えば、レイアウトに合わせて自由な場所に配置でき、とても使いやすくなる（図 15-2）。

　PowerPoint には「背景の削除」という切り抜きの機能が用意されている（図 15-3）。ちょっと残念なのが、パソコンによっては、この機能を使うと動作が重くなり、しばしばフリーズすることがあったことだ。その場合は、作業の前にパソコンを再起動し、他のアプリを使わない状態で試してみてほしい。

図 15-4 スマホの切り抜きアプリも

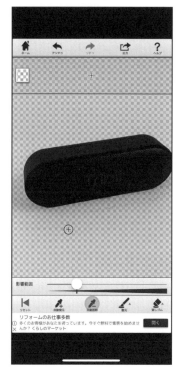

スマホのアプリでも写真の切り抜きができる。画像は「背景透明化」というアプリだ

　PowerPoint にうまく自動で切り抜いてもらうためには、撮影時に被写体と背景のコントラストをなるべくはっきりさせておくのがコツだ。白っぽい被写体なら背景を黒などの濃い色に。逆に、黒っぽい被写体なら背景を白っぽくする。

　最近はスマホのカメラも高性能化している。スライド作成の時短を進めるうえでは、切り抜き用の写真をスマホで手軽に撮影するというのもアリだ。そんな場合には、PowerPoint ではなく、スマホのアプリで切り抜く方法もある。僕は「背景透明化」というアプリを使っているが、他にも無料のアプリが複数リリースされている（**図 15-4**）。

クリップアートはもう古い 今のトレンドはピクトグラム

今回のポイント

① 今のPowerPointにクリップアート機能はない
② アイコン風のピクトグラムが使いやすい
③ 内容に合わせてピクトグラムを組み合わせる

　プレゼンの達人の中には、味のある手描きのイラストや図をスライドに盛り込んでいる人がいる。イラストが好きな人が描く様子を見ていると、さほど時間をかけずにどんどん描いていく。時間をかけずに温かみや独自性をスライドに加えることができるのだから、イラストを描くのが上手な人は本当にうらやましい。うまくはなくても、自信を持ってサクサクと描ける人なら、スライドには十分使えるはずだ。

　うまく描けない僕のような人は、クリップアートに頼ることになる。ところが、クリップアートを使ったスライドは、どうも古めかしさがある。スマホが登場する前、パソコンが IT の先端だったときに、誰もが PowerPoint に付属していたクリップアートを横並びで使っていた時代を思い起こしてしまうのだ。

　なお、PowerPoint にかつて標準搭載されていたクリップアートは現在では機能として削除され、「オンライン画像」という項目からダウンロードして使うようになっている（**図 16-1**）。

　クリップアートに代わり、スライドに使う絵柄として現在のトレンドとなっているのはピクトグラムだ。ピクトグラムとは行動や概念をシンプルなイラストで示したもの。スポーツ施設や公共交通機関の案内板などで見かけることもあるだろう。ひと目で意味が伝わりやすいという点がプレゼンに向いている。

図 16-1　もはやクリップアート機能は存在しない

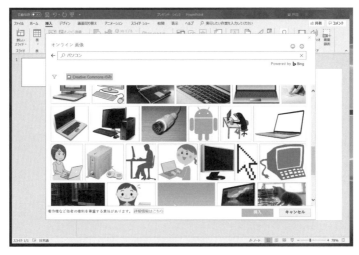

最近の PowerPoint は、クリップアート機能がない。その代わりにインターネット
上でイラストを探す「オンライン画像」という機能が加わっている

図 16-2　単色イラスト「ピクトグラム」を活用

PowerPoint でピクトグラムを使うには「挿入」タブで「図」-「アイコン」を選ぶ

　PowerPoint 上で旧来のクリップアートに変わるのが「アイコン」と呼ば
れる図の挿入機能で、これがまさにピクトグラムなのだ（図 16-2）。

「組み合わせの妙」で用途広がる

　ピクトグラムは、シンプルなイラストなので、難しい使いこなしを考える
必要もない。ちょっとしたコツは、説明したい内容に合うように、いくつか
組み合わせていくことだ。パソコンの図と人の図を組み合わせれば、「パソ
コンを使っている人」に見える。「グループ化」という機能を使えば、複数の
ピクトグラムを一体化できる（図16-3）。まとめて移動したり、拡大縮小で
きるので便利だ。ちょっとした工夫で、さまざまな用途に見合ったイラスト
を手軽に作れる。時間がかからないのが、うれしいポイントだ。

図 16-3　グループ化で移動も楽々

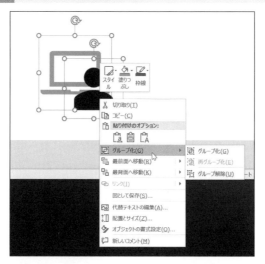

パソコンと人の図を組み合わせると、パソコンを使っている人に見える。グループ
化をすると、まとめて移動や拡大縮小ができるので便利だ。グループ化をするには
「Ctrl」キーを押しながら複数のピクトグラムを選び、マウスの右クリックをして「グ
ループ化」−「グループ化」を選ぶ

Lecture **17**

絵心不要！ プレゼン用イラスト たった10分で描き上げるワザ

今回のポイント

① iPadとApple Pencilがおすすめ
② レイヤーの機能を活用する
③ 失敗を恐れず大胆に塗る

プレゼンテーションで使うスライドにイラストを入れたいときがある。実は意外にイラストが必要になるケースは多いものだ。例えば、まだ完成してない商品の完成イメージを伝えたい、類似製品を並べて比較したいが競合製品の写真を使うわけにはいかない——そんなときは、イラストを使うことになるわけだ（**図17-1**）。

とはいえ、フリー素材のイラストやピクトグラムではトーンが合わない、プロのイラストレーターに発注する時間も予算もないということもあるだろう。

図17-1　**基本をおさえてイラストに挑戦**

基本的なテクニックを身に付ければ、絵心なしでもそれなりのイラストが描けるようになる。必要なのは iPad と Apple Pencil。そしてレイヤーに対応したアプリだ

図 17-2 プロのイラストレーターが直伝

プロのイラストレーターである森マサコさんにイラストのこつを聞いた(写真/名児耶洋)

となると自分で描くことになるわけだが、僕を含め、絵には自信がないという人も少なくないと思う。そこで今回は、日経クロストレンドの連載を含め、さまざまな分野で活躍しているプロのイラストレーターである森マサコさんに、短時間でイラストを描く方法を教えてもらった(**図 17-2**)。

森さんには次のようなお願いをしている。

　1) スライド用にシンプルなイラストを描きたい

　2) 絵心がないので、今より少し良くなればいい

　3) 時間をかけたくない。10 分程度で描き上げたい

さて、この無謀なお願いに森さんはどうレクチャーしてくれるのだろうか?

iPadを使って描くのがおすすめ

イラストを描くだけなら紙とペンでもいいのだが、PowerPoint に貼り付けるとなると話が変わってくる。

「紙に絵を描いてもいいのですが、スキャンしたデータを読み込むのは面倒です。iPad などのタブレットを使えば、ペンで描いたイラストがそのまま使えるので楽です」と森さん。

確かに、最初から iPad を使ったほうが話が早い。何より、iPad なら失敗してもすぐに元に戻せる。また、紙に描いたイラストにサインペンなどで色を塗るのは、考えるだけで気が重くなってくる。詳しくは後述するが、

図 17-3 最近の iPad はペン入力に対応

新しい iPad（10.2 インチモデル、右奥）は 3 万 4800 円（税別）から。Apple Pencil は 1 万 800 円（税別、第 1 世代）なので、合計の 4 万 5600 円で必要なものがそろう

iPad を利用するからこそ、うまく描けたり、手を抜けたりする部分も少なくないのだ（**図 17-3**）。

複数のレイヤーを使い分ける

今回は、「Procreate（プロクリエイト）」というアプリを利用した。税込

図 17-4 レイヤーを使い分ける

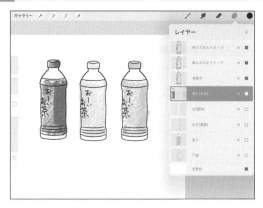

森さんが作業中に利用したレイヤー。本描き、塗り、光、影といったレイヤーを使い分けていることが分かる

図 17-5　まずは下絵をトレース

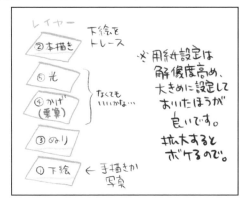

森さんがレイヤーについて解説してくれたイラスト。下絵は自分で書いても良いが、写真でもOK。それをトレースして「本描き」した後に、塗り、光、影などのレイヤーを重ねる

図 17-6　題材は身近なペットボトル

身近にあったペットボトルを題材として、タブレット上でイラストの描く手順を教えてもらった

み1220円の有料アプリながら、プロでも利用者が多いという秀作だ。もちろん、他のアプリでも構わないのだが、条件はレイヤーが使えること。iOS標準の「メモ」アプリでも手描きはできるものの、レイヤーが使えない。

　ちなみに、レイヤーとは階層という意味だ。1つの絵を描くのに下描き、本描き、塗りつぶし用など、複数のレイヤーを用意する。塗りのレイヤーを

交換すれば、イラストの線を残したまま色を変えることもできるわけだ（図 17-4、図 17-5、図 17-6）。

下描きはバランスを重視

　まずは下描きをする。今回の作例も、まず下絵を描き、それをなぞって本描きし、その後で色や影などを付けていった。

　説明を聞きながらだったので、ちょっと時間がかかったが、森さんなら10分とかからないとのことだ。

　下描きをする際は、全体のサイズ感を見ながら「高さに対して幅は3割くらい」のように、バランスを見極めるのが大事だ（図 17-7）。下描きは分かりやすいようにグレーや黄色など、本描きの線とは違う色で描いていく。下描きがある程度できたら、その上のレイヤーに本描きの線を描いていく（図 17-8）。

　なお、下描きに自信がなければ、その代わりに写真を使ってもいい。「Procreate」にも写真を取り込む機能が用意されている。その上に下描きや本描きのレイヤーを重ねて、対象物の輪郭をなぞればいいというわけだ。ただし、写真を撮影する段階でゆがんでいると、ゆがんだイラストになってし

図 17-7　縦横比率のバランスに注意

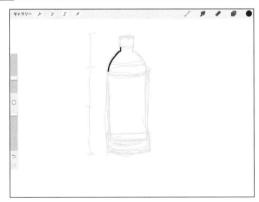

下描きでは、物の形を把握しながら描く。縦横の割合などを考えよう

まうので注意が必要だ。

　森さんから教わったなかで興味深かったのが、左右対称のイラストは、半分を描いたら反転コピーして合成するテクニックだ（図 17-9）。今回のペットボトルの例のような左右対称のイラストの場合は、このテクニックを利用することで作業時間が半減する。イラストをコピーして反転する作業は、紙とペンでは難しい。

図 17-8　下描きが仕上がったら本描き

下描きのレイヤーで色を薄くして上に本描きの線を描く

図 17-9　左右対称なら反転コピーも

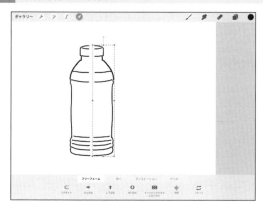

半分を反転コピーして貼り付けると、左右対称にできる

色塗りは太い筆でサッと仕上げる

　森さんによれば、色塗りは太い筆を使ってサッと塗るのがお勧めとのこと（図17-10）。

「多少はみ出しても味だと思って塗ります。失敗したら取り消しができますから落ち着いて作業しましょう」（森さん）

図 17-10　大胆に塗って後で修正

太いペンを使って大胆に塗っていく。多少はみ出したとしても、細かい部分は後ほど修正すればよい

図 17-11　ハイライトや影を加える

基本的な塗りを済ませてハイライトや影を入れてもらった。イラストとしての存在感がより高まったことが分かる

図 17-12 実践してみることが大切

教わった方法で自分でもペットボトルを描いてみた

図 17-13 5分で描いたイラスト

こちらは僕が描いたイラスト。本当に5分で描けたので、これなら作業量的にも納得だ

　色塗りの後は、必要に応じて影やハイライトを塗る（図17-11）。これはなくても構わないが見栄えが良くなる。それぞれ別のレイヤーを用意し、「乗算（色を重ねる設定のこと）」することで、色がなじんでいく。

　試しに僕も5分程度で描いてみたが、初めてにしては納得の出来栄えだった（図17-12、図17-13）。iPadを使ってデジタルなイラストを描くだけで相当な時短になる。スライドで大きく使わなければ、それなりに見られるイラストが描けるだろう。イラストを描くのが本業ではないのだから、うまくなくて当然だと開き直って描けばいい。

Lecture **18**

Excelグラフは初期設定で使うな
データをスッキリ見やすく

今回のポイント

① まずは全てのグラフ要素を消す
② グラフの棒は太く見やすくする
③ 数値を入れるなら棒の内側に

　Excel のワークシートに数値を入力し、セルの範囲をマウスで選択して「挿入」タブからグラフの種類を選べば、即座にグラフが作成できるという

図 18-1 Excel でグラフを作成

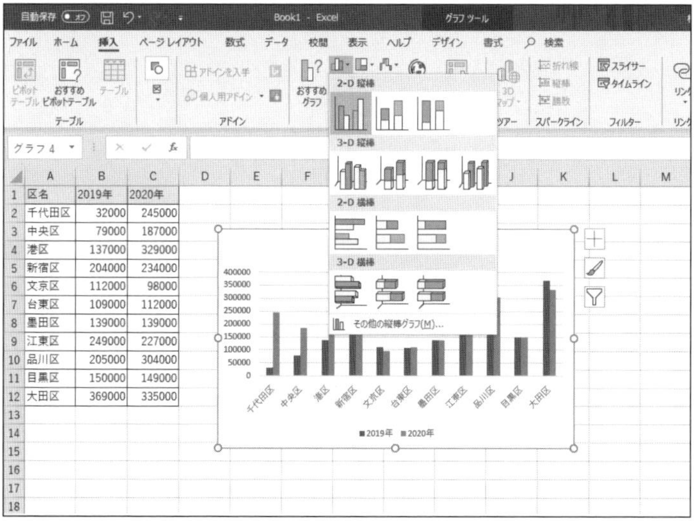

Excel でグラフを作成しているところ。「挿入」タブでグラフの種類を選ぶだけでグラフが出来上がる。後は PowerPoint のプレゼン資料に貼り付ければいいのだが、その前にグラフをシンプルに分かりやすくする一手間を加えよう

のは、読者の皆さんも、よくご存じの手順だろう（**図 18-1**）。

　見やすいグラフのテクニックを紹介するというと「人と同じようなグラフはイマイチだなどと言いつつ、見た目に手を加えるのだろう」と思う人もいるかもしれない。だが僕は見た目を派手にしたり、要素を追加して複雑にしたりするのは、やはりプレゼンの新しいトレンドに合わないと思うのだ。

　企画書に貼り付けるグラフなら、それらの点に多少こだわっても問題はないだろう。だがプレゼンにおいては、時には秒単位で情報を次々と提示していく。グラフもシンプルであるに越したことはないのだ。

　今後はリモート会議システムなどを使って、オンラインでプレゼンする機会も増えてくるだろう。相手はスマートフォンなどの小さい画面で見ているかもしれない。「文字は大きく太く」「グラフはシンプルで大きく分かりやすく」するに越したことはないのだ。

要素が増えるほどグラフが小さくなる

　早速、シンプルで見やすいグラフに作り替える方法を説明していこう。

　原則として、構成要素が多くなるほどグラフ自体が小さくなっていく。まずは、軸のラベル、目盛り線、タイトルなどの要素を全部取っ払ってしまおう。いったん全てをそぎ落とした上で、必要なものを足していくのが見やすく仕上げるこつなのだ。

　要素を削除するには、まず Excel 上でグラフを選択する。すると右側に 3 つのアイコンが表示されるはずだ。このうち最上段の「＋」をクリックし、チェックを外していけばよい。全てのチェックを外した後で、どうしても必要だと思ったものだけ、改めてチェックを付け直す。例えば、横軸のラベルだけ残したいという場合は「軸」の右側にある黒い右向きの三角マークをクリックし「第 1 横軸」だけにチェックを入れる（**図 18-2**）。

　要素をできるだけ排除したら、今度は縦棒グラフの棒を太くする。初期状態では棒の幅が狭く、プレゼンのスライドに配置すると見づらいからだ。棒が太ければ、左右のデータとの比較もしやすくなる。棒の太さは、グラフ上の棒を右クリックすると表示される「データ系列の書式設定」で「系列のオプション」の「要素の間隔」を小さく調整すればよい（**図 18-3**）。

図 18-2　グラフの要素を最小限に

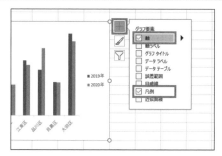

グラフ右上の「＋」をクリックして「グラフ要素」のチェックを外して、不要なものを表示しないようにしていく。画像は「凡例」と「軸」の「第1横軸」だけを残したところ

図 18-3　要素の間隔を狭くすると縦棒の幅が広くなる

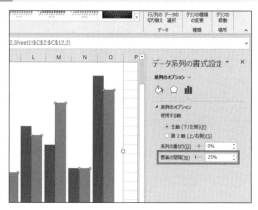

縦棒グラフ上の棒を右クリックして「データ系列の書式設定」を選び、「要素の間隔」を狭くすると縦棒の幅が広くなる。必要に応じて「系列の重なり」も調節する

　なお、折れ線グラフの場合も線を太くしたほうが見やすい。この場合は折れ線を右クリックして「枠線」を選び「太さ」の項目から選択する。

データは棒の中に表示する

　グラフ上の要素はできるだけ削減したいところだが、数値の微妙な違いを比べたいときもある。その場合は、目盛り線を付けるよりも、グラフ上に値（データラベル）を表示するほうが分かりやすい。

図 18-4 数値を棒の中に表示する

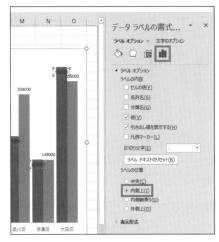

グラフ右上の「＋」をクリックして「グラフ要素」から「データラベル」にチェックを入れる。棒グラフの上に表示された数値をダブルクリックして「データラベルの書式設定」を開く。ここで「ラベルの位置」の項目から「内側上」を選択する

図 18-5 数値を縦に配置する

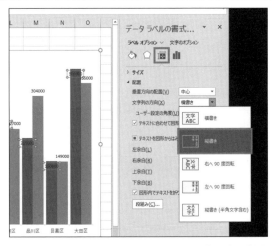

さらに「サイズとプロパティ」のアイコンをクリックして「配置」の「文字列の方向」を「縦書き」もしくは「左へ 90 度回転」にすると、数値が棒グラフの中で縦置きの状態となる。棒グラフが 2 本以上ある場合は、同じ手順を繰り返す

図 18-6　数値を見やすくする

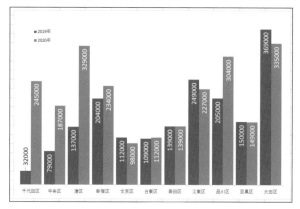

数値の文字サイズを大きくする、太字にする、背景色が濃い色の場合は文字色を白にするなど、調整を加えるとさらに見やすくなる

　ただ、値をそのまま表示すると、桁数が多いときに数値が重なって見づらくなる。その場合は、棒の中に縦書きにするのがお勧めだ（**図 18-4**、**図 18-5**）。棒が短いと数値が見づらいケースもあるが、そのときは数値をマウスで移動させて、棒グラフの上に移動させる。数値が見やすいように「文字のサイズを大きくする」「太字にする」といった調整を加えるといいだろう（**図 18-6**）。

　数値のカスタマイズが終わったら、凡例の位置や文字のサイズなどに微調整を加える。グラフがだいたい完成したら、色を変更してもいい。2 本の棒グラフを作ると、Excel の標準では青とオレンジになる。2 本の違いは分かりやすいが、ありきたりすぎるという人もいるだろう。色を変更するときには、あまり色合いの差がないグレーと青、ワインレッドとピンクなどの組み合わせがおすすめだ。強調したい棒をより目立つ色に設定するといい。

　完成したグラフを PowerPoint に貼り付け、必要に応じて文字のサイズなどを微調整すれば完成だ。実は、PowerPoint 上でも、文字サイズや色は、Excel とほぼ同じように変更できる。色を変更するには、「デザイン」タブの「バリエーション」欄の右にある「その他」ボタンをクリックして、「配色」から色を選択してもいいだろう。

　改めて、自動で作ったグラフとの違いを見ると、その差の大きさに驚くはずだ（**図 18-7**）。

図 18-7　調整前と調整後のグラフを比較

調整前

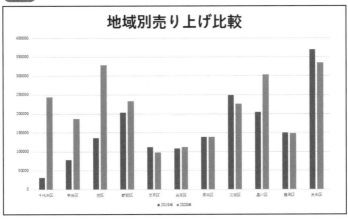

調整後

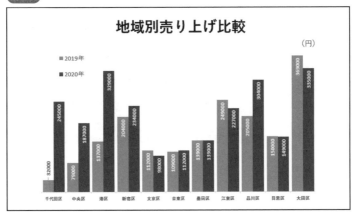

完成したグラフを PowerPoint に貼り付けた後、「デザイン」タブの「バリエーション」から「配色」を選び、色合いを調整してみた。元のグラフと比較すると、かなり見やすくなっている

Lecture **19**

iPhoneやiPadの「Keynote」で
楽にかっこよくデザイン

今回のポイント

① Keynoteでスライド概要を作る
② PowerPoint形式で書き出す
③ 仕上げはパソコンのPowerPointで

Lecture 11 ではスマートフォンを使ってプレゼン用のスライドを作る方法を説明した。もしあなたのスマホが iPhone なら、もしくは iPad を使っているなら iOS 用のプレゼンテーションソフト「Keynote」が無料で使えることをご存じだろうか。特徴はテンプレートのクオリティが高く、クールなものがそろっていることだ。無駄に時間をかけてスライドのデザインにこだわる必要はないが、楽にカッコ良いスライドができるのなら、活用しない手はないだろう（**図 19-1**）。

図 19-1　クールなテンプレートがそろう

米アップルのプレゼンテーションソフト「Keynote」は、テンプレートのクオリティーも高い。ここでは「iPhone 11 Pro Max」の画面を横にして操作している

細かい作業はパソコンに移行

iPhone を使う場合、スライドの編集をするには画面がやや小さいので、Keynote で完璧に作り上げる必要はない。まず、プレゼンの全体像を考えて、スライドをどんどん追加していこう。「ここは写真を入れて説明し、次のスライドにはグラフを入れて……」と、構成を考えつつスライドを追加したり、順序を入れ替えたりしながら進める（図 19-2）。

テキストの入力や写真の加工などをしてもいいのだが、iPhone では細かい作業をするより、プレゼン全体の流れを考えるのがおすすめだ。負担がなければタイトルなどを入力してもいいが、パソコンに移行してから作業するほうが楽だろう。

パソコンは Mac を利用しているならそのまま Keynote で開いて編集すればいいし、Windows 上でも iCloud というクラウドストレージ経由で Keynote が利用できる。とはいえ、やはり使い慣れた PowerPoint を使いたいという人もいるだろう。その場合は PowerPoint 形式でファイルを書き出す（図 19-3）。

作成したファイルは、パソコンで PowerPoint のファイルと同じように利用できる。フォントが変わってしまう可能性はあるが、よく似たものが自

図 19-2　ざっくりと全体イメージを作る

スライドのレイアウトを選択して追加していく。写真を入れる位置など全体のイメージを決めていく。写真はダミーのものが入っているので、取りあえずそのままにしておく

図 19-3 書き出しは PowerPoint 形式で

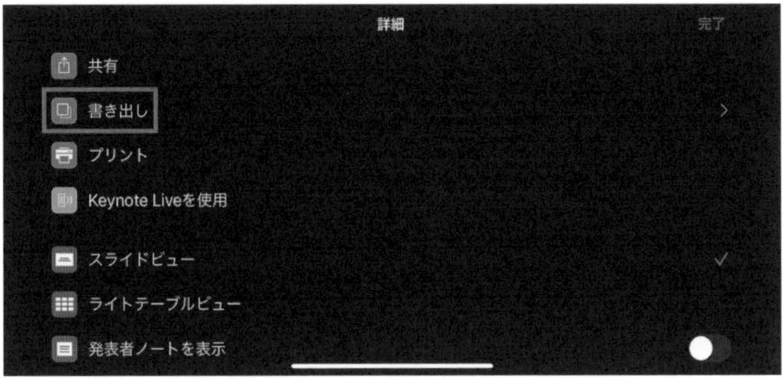

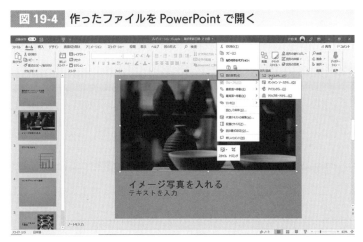

作成し終えたら「書き出し」で「PowerPoint」を選ぶ。出力先はメールでもいいし、「OneDrive」などのクラウドストレージにすれば、パソコンでも簡単に読み込める

動的に選ばれるので問題はないだろう。

　写真は、ダミーとして入っていたものを右クリックして、「図の変更」で差し替えられる。写真を差し替えると縦横比が変わってしまうことが多いが、「書式」タブの「トリミング」を選び、写真の縦横比を調節して元のデザインに近づけるとよい（**図 19-4**、**図 19-5**）。Keynote 上で挿入したグラフも、

図 19-4 作ったファイルを PowerPoint で開く

パソコンでは作成したファイルを PowerPoint で読み込めばそのまま利用できる。画像は右クリックして「図の変更」で差し替えるのがスマートだ

図 19-5 同様のデザインで追加できる

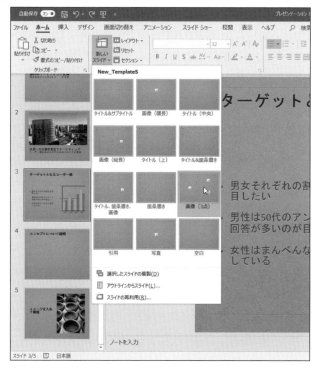

PowerPoint でスライドを追加すると、フォントサイズが少し変わってしまうことも
あるが、Keynote のレイアウトやデザインをほぼそのまま利用できる

「PowerPoint」できちんと認識される。「データの編集」で数値を編集すれ
ば、スライドのデザインと統一感のあるグラフが出来上がる。

　なお、Keynote で作成したスライドは PowerPoint でブラッシュアップ
できるが、逆に PowerPoint は Keynote 形式で書き出す機能はないので要
注意だ。

第 **5** 章

発表時の
話し方／伝え方

本番でミスらないための 直前チェックリスト

今回のポイント

① ミスを防ぐにはしっかり確認
② トラブル対策もしっかりしておく
③ ケーブル類など忘れ物にも注意

　大切なプレゼンに向かって、がんばってスライドを作成し、準備を万端に整えた。ところが、当日になって不具合でパソコンが起動しない――こんなケースはめったにない。とはいえ、可能性はゼロではない。

　僕は客先でパソコンが動かなくなったことが、この30年間で2回ほどある。仕事柄、新しいパソコンに買い換える頻度が高いので、ガタがきていたわけではない。数時間前までは問題なく利用していたのにこんなトラブルに見舞われるケースもあるのだ。

　幸いにして、2回ともバックアップを用意していたので、事なきを得た。昔は、大事なプレゼンではパソコンを2台持って臨んだのだが、最近はUSBメモリーにファイルを入れている。どうしても困ったときには、現場で貸してもらえる可能性が高いからだ。もちろん、それが難しいと判断すれば、今でもパソコンを2台持参したり、iPadを予備として持っていく。

　ビジネスでは、故障だから仕方がないでは許されない。大事な商談や発表の機会は失われてしまうのだ。また、手慣れてきた人ほど、油断からくる「ついうっかり」で忘れ物をするので、この点も要注意だ。

　ここでは、一般的に使えるチェックリストを用意したので活用してほしい（図20-1）。

　チェックリストの項目を簡単に説明していこう。まずは「ファイル確認」の項目だ。メンバーと一緒にスライドを作成した場合、"最終完成版"では

図 20-1　プレゼン直前のチェックリスト

ファイル確認	ファイルは最終版か	☐
	スライドの再生確認	☐
	誤字脱字の最終チェック	☐
	USB メモリーによる 2 重化	☐
パソコン関連	出力先の確認	☐
	パソコンとの接続ケーブル	☐
	接続のためのアダプター	☐
	AC アダプター	☐
	プレゼンター（ポインター）	☐
	パソコンの通知オフ	☐
持ち物／配布物	印刷したスライド	☐
	自分用の資料	☐
	時計	☐

プレゼンに慣れてきた頃に、ついうっかりミスをしてしまいがちだ。見落としがないか、毎回確認する慎重さが必要となる

図 20-2　ファイルは USB メモリーにも入れる

万一に備えて、スライドのファイルをパソコンだけでなく、USB メモリーにも入れ、2 重化しておく

ないファイルを持っている可能性がある。最後に全ページを見て、正しく作成できていること、誤字脱字も確認する。そのうえで、パソコンだけでなく、USB メモリーにファイルを入れていけば安心だ（**図 20-2**）。

　「パソコン関連」では、まずプレゼンをするときの出力先と必要なケーブルについて、先方の会議室やイベント会場などへの確認しておくことが大切だ。テレビやプロジェクターなら HDMI ケーブルでつながるはずだが、そ

図 20-3 パソコンによっては接続用のアダプターが必要

パソコン側も問題なく出力できるかチェックしておく。アダプターが必要な場合は
持参を忘れないように

れがきちんと用意されているか調べておこう。パソコンの種類によっては、
ケーブルを接続するアダプターの持参も必要になる（**図 20-3**）。うっかり忘
れがちなのが、AC アダプター。これも忘れずに鞄に入れる。

　普段パソコンを使っていてメールや社内の連絡用ツールなどの通知が表示
される場合は、その機能をオフにしておくこと。客先でプレゼンをしている
ときに、変な通知が来ると、恥ずかしい思いをする。万全を期すためには、
Windows Update の設定画面を開いて OS のアップデートも一時停止にし
ておくといいだろう。

　「持ち物／配布物」では、資料を渡すなら人数分を用意するのはもちろん、
事前にメールで送る必要があれば、これも忘れないようにしよう。プレゼン
を与えられた時間内に収めるには、時計が必要だ。腕時計でもいいが、時間
が確認しやすいやや大きめの時計を用意してもよい。スマホのスリープ機能
をオフにしてタイマーを使うという手もある（**Lecture 23** 参照）。

Lecture **21**

事前に自分用の資料を準備する
もちろん予行演習も忘れずに

今回のポイント

① 資料は紙で準備すると安心で便利
② 「3スライド」で印刷がおすすめ
③ 予行演習の丸暗記はNG

　プレゼンに慣れている人でも、何を話すべきかを書いた自分用の資料を準備しておきたい。"秒速"プレゼンでは、スライドには内容を記載しない。書いてあるのは、いわゆるタイトル(見出し)程度の短文だ。聞き手にはひと目で分かる情報を提示し、話し手は自分の言葉で訴えていく。

　各スライドで何を話すべきかを書いていくのが下準備になる。

準備にはノートを利用する

　発表の準備には、PowerPoint上でスライドのノートを利用しよう。ノートとは、スライドごとにメモを記入できる機能のことだ。使い方は簡単で、画面最下部の「ノート」と書かれた部分をクリックすると「ノートを入力」と書かれた記入欄が出てくる。ノートのエリアの幅をドラッグして広げると記入しやすい(**図21-1**)。

　パソコン上でテキスト入力するよりも、手書きでサラッとメモする方がいいという人もいるかもしれない。もちろんそれでもかまわない。大切なのは、自分にとって最もしっくりくる手段で、できるだけ時間をかけず、効率的に進めていくことだ。

　手書きでメモを書く際には、A4用紙1枚にスライドを3枚、さらにその右側にノート欄を表示する形で印刷すると良いだろう(**図21-2**)。

図 21-1 ノートエリアに話す内容を書く

画面最下部の「ノート」と書かれた部分をクリックすると、ノートエリアが現れる。
ノートエリア上部の枠をマウス操作でドラッグして広げてコメントを書いていく

　秒速プレゼンでは 30 分のプレゼンに 40 枚を超えるスライドを使うことも多い。すると、1 ページに 3 スライドを印刷しても 10 ページを超える。枚数が多くなりがちなので、できれば両面印刷を使うのがおすすめだ。自分用であればカラーは必要ない。モノクロ印刷でも十分だ。

　テキストでノートに入力した場合、プレゼン本番ではスライドショーを表示しつつ、ノートに書かれた文字を参照できる。それでも、自分用の資料はやはり印刷して手元に置いておきたい、という人もいるだろう。その場合は、印刷レイアウトを「ノート」にすると、スライドと書き込んだメモの内容を同時に出力できる（**図 21-3**）。この場合 1 枚のスライドが 1 ページになるので、ページ数が多くて使いづらいのが難点だ。

予行演習では暗記しない

　自分用の資料を見ながらプレゼンの予行演習を繰り返すのはかまわないが、話す内容を丸暗記するのは良くない。暗記したプレゼンは、すらすらと話す

図 21-2　手書きなら「3 スライド」

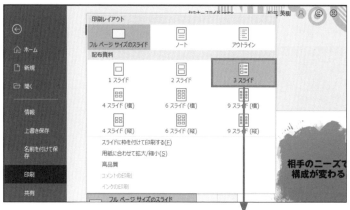

手書きでメモを書く場合には、印刷レイアウトの指定で「3 スライド」を選ぶと良い
だろう

図 21-3　ノート付きで印刷も可能

印刷レイアウトを「ノート」にすると、スライドと書き込んだメモを一緒に印刷できる

だけになり、熱意に欠ける印象を与えてしまうのだ。熱意を持って話すように心がけたところで、どうも上っ面の演技のように感じてしまう。

　そもそも、プレゼンをするということは、その内容をしっかりと理解し、把握しているのは当然だ。例えば新製品のプレゼンをするなら、製品やサービスの良さや特徴などは、全部頭に入っているはずだ。

　とはいえ発表時には、後で言うべきことを先に話したり、逆に話すべきことを、スキップしてしまうと、発表をしながらパニック状態になりかねない。聞いている方も分かりづらいという印象を受けるだろう。そこで各スライドには、そこで何を話すべきかのメモを書いておく、というわけだ。

　繰り返すが、メモには具体的な内容そのものは書かない。理解して頭にたたき込んでおく。メモは全スライドに書く必要はないのだ。自分で間違えそうな部分だけ記載すればよい。

　ここでは複数の方法を紹介してきたが、プレゼンにまだ慣れていない、という人は、まずは1ページに3スライドで印刷した資料に、手書きでメモを書いて、それをめくりながら練習するのがおすすめだ。この資料を本番で持っていれば、より安心して挑めるだろう。

Lecture 22

慣れていない人こそ「台本」を作る 全体の流れを体に染み込ませる

今回のポイント

① 台本で全体スケジュールを組み立てる
② 紙とペンを使った手書きでもOK
③ メンバーの役割や想定する質問内容も書く

　ここで言う「台本」とは、お芝居の台本とは違う。タイムテーブルのことだ。プレゼン全体をイベントとして捉え、どう振る舞い、行動するのかを記載していく。部屋に入り、挨拶や名刺交換をして、資料を配付する。プレゼンをした後は、質問を受け付ける。その時間配分を計画し、予定としてまとめておくというものだ。

　プレゼン自体とは関係ないように感じるかもしれないが、タイムテーブルを作成し、入室から退出までの流れを想定できていれば、余計な心配をしなくて済む。結果としてよりプレゼンに集中できるようになるのだ。

　この台本を作る作業は、10 〜 20 分もあれば終わるだろう。Word やExcel などで作成してもいいし、紙にペンで書いても十分に事足りる（図 22-1）。プレゼンに慣れていない人こそ、必ず作成しておこう。頭の中でシミュレーションしただけでは見えないことが、メモに書くことで浮き彫りになってくる。

同行メンバーの行動も記載

　複数名で商談に挑むときには、同行するメンバーのうち、誰がどんな役割を持つかも記載する。メンバー同士で事前の打ち合わせをしながら台本を作成してもいいだろう。プレゼン終了後に相手から出そうな質問も想定しておく。さらに、誰が回答すべきかも考えておこう。

図 22-1 プレゼン前後を含むタイムテーブルを書く

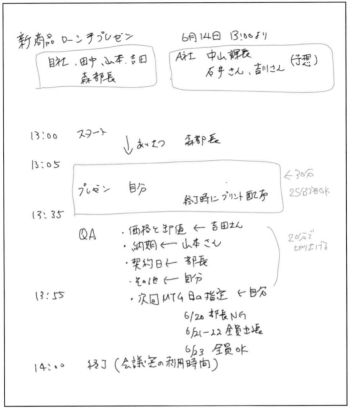

ある商談を想定した台本の例。プレゼン前後の行動の流れを記載しておくことで気持ちに余裕ができ、プレゼンの成功率も高まる。こうしたタイムテーブルはテキストでも Excel のシートでも、図のように手書きのメモでもかまわない

　似たような商談や打ち合わせを何度も行っていて、あうんの呼吸で役割分担ができているなら別だが、新しいメンバーと組んで作業をするようなケースでは、必ず台本の作成をおすすめする。これによって、現場でバタバタしなくて済む。

　台本ができたら、メンバーにシェアしてそれぞれの役割を把握してもらう。こんな作業を事前に済ませるだけで、チーム全体としてうまくプレゼンが進行できるはずだ。なおプレゼン後に、次回の商談日を設ける予定なら、社内

メンバーで都合が付きやすい日時をあらかじめ押さえておくと、「この人はできる」と思ってもらえるだろう。次回のプレゼン機会にもつながっていくはずだ。

　社運をかけた新製品など、会社のミッションとして、大きな提案をする際には、社長が挨拶をして、部長が概要を、担当者が詳細を説明するといった複雑な構成になる。当然、そんなときには緻密な台本が必要になる。具体的な例はアンカー・ジャパンの例（186ページ）が参考になるはずだ。

「これは飛ばします」はNG
時間内に完了できるマル秘技

今回のポイント

① 1枚3分換算でスライド枚数を調整する
② 経過時間や残り時間をノート欄に書く
③ スマホやApple Watchのタイマーを活用

　僕が長年掛けて編み出した、プレゼンを時間ぴったりに終わらせるテクニックを紹介しよう。講演の仕事をいただいたときは、時間通りに終わらせるのが前提となる。僕も最初は苦労した。最近では、さまざまなテクニックを使って、誤差1分程度できっちりと終わらせられるようになった。

　一般的な商談や打ち合わせでも、プレゼンの時間はだいたい決まっているものだ。例えば、1時間で商談をする場合。あいさつや質問などを考えれば、40分で終わらせたい——となるだろう。

　最悪なのは、プレゼンが長すぎて尻切れトンボになってしまうこと。重要な結論が後半にあるのに、そこにたどり着かないと商談が台なしになる。聞いているほうもしっくりこないので「最悪のプレゼンだった」と思われる始末だ。

　すなわち、時間通りにプレゼンが終わるのがベストなのだ。ぴったりが難しいのなら微妙に早く終わる程度に組み立てるべきだ。

多すぎるスライドはトーク力でカバー不可

　自分の言いたいこと、伝えるべき内容がたくさんあれば全て収めたくなる気持ちは分かるが、それにも増してもっと大事なのは、時間を考えてスライドを作ることだ。

　適当に作ったスライドは枚数が少なすぎたり、多すぎたりする。トークに

図 23-1　スライド 1 枚につき 3 分が目安

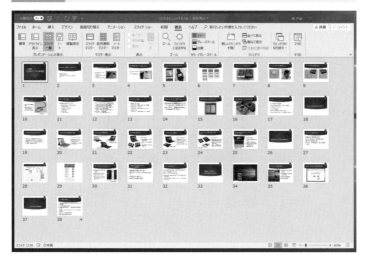

実際にある講演（90 分）で使ったスライド。38 枚だ。タイトルや調整用のスライド
を差し引くと 30 枚× 3 分＝ 90 分となる

自信があるなら、枚数の少ないスライドでもなんとかカバーできるだろう。
だが、多すぎるスライドを飛ばしながらプレゼンをしていくのは、話がうま
くても印象は悪い。

　特に出来合いのスライドを使い回したときに、そうなってしまうことが多
い。相手も察知して、この商談のために力を入れて作ったスライドではない
なと感じてしまう。これは最悪だ。スライドを飛ばすなら、最初から抜いて
おくべきなのだ。

　Lecture 01 で説明したように、プレゼンがうまいと言われる人は、通常のス
ライドであれば 1 枚当たり 3 分程度で説明することが多い（**図 23-1**）。40 分
の説明時間なら、13 ～ 14 枚のスライドを目安に作る。Lecture 09 で説明し
た大量のスライドをガンガンめくっていく「" 秒速 " プレゼン」で挑むので
あれば、スライド 1 枚につき 30 秒～ 1 分を目安とする。

経過時間のメモでペース配分を最適化

　スライドが適切にできたとして、話のペース配分を考えていく必要がある。

図 23-2　ノート欄に時間の目安を書く

スライドのノート欄に経過時間や残り時間の目安を書いておけば、順調に進んでいるかどうかがわかる

そこで僕が編み出したのが、スライドのノート欄に時間を書く方法だ。

ここでは例として、通常のプレゼンの中に秒速プレゼンの手法を取り入れつつ、1時間のプレゼンに30枚のスライドを用意したと考えてみよう。15枚目当たりに「30分」とノート欄に書いておく。もっと細かくしたいなら、全スライドに2分ずつ時間を追加して書いていけばよい。

「2分、4分、6分……」と30枚に書いていけば、最後のスライドが60分になる。これが本番時のペース配分を示す目安になるというわけだ（図23-2）。あくまでもこの時間は目安だが、「18分のはずなのに、22分経過しているから少しペースを上げよう」という判断ができる。

実際のプレゼンでは全て計画通りに進むとは限らない。15時ちょうどにプレゼンがスタートするならいいのだが、15時13分ごろにスタートした場合はどうだろう。プレゼンの話をしつつ、「今は15時38分だから残りは……」と瞬時に残り時間とペース状態を計算するのは骨が折れるのだ。

図 23-3 タイマー機能を活用する

僕は、Apple Watch を使ってカウントダウンしている。このほうが残り時間を把握しやすいのだ。もちろんスマホを使っても良い

　そこでお勧めなのがカウントダウン方式だ。経過時間ではなく、残り時間をスライドのノートに書いておく。そのうえで、スマートフォンや Apple Watch のタイマー機能を使えば、手元ですぐさま残り時間との差がチェックできる（図 23-3）。

　聞き手を前にして、プレゼン前にスマホや Apple Watch をいじってタイマー時刻を操作するのはちょっとカッコ悪いかもしれない。こういう場合はちょっとしたコツがある。例えば 15 時 40 分にプレゼンを終えたいとする。その場合は、商談の部屋に入る前、例えば、そのときが 14 時 50 分であれば 50 分のタイマーをスタートしておけばいいのだ。

　一般に、スマホを操作せずに置いておくと画面が消えてしまう。必要に応じて一時的にスリープモードをオフにしておくとよいだろう。iPhone の場合は「設定」－「画面表示と明るさ」で「自動ロック」を「なし」にする。

あらゆる事態に備えて「調整用のネタ」

　商談では、顧客が突然質問をしてきてペースが狂うことも少なくない。また、自分のペースがうまく保てずに、進みすぎたり、時間が足りなくなったりすることもあり得る。特にプレゼンに慣れていない人は、そんなことも想定しておきたい。それが、不安の解消にもつながるのだ。

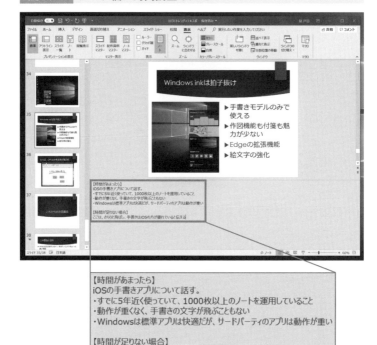

図 23-4　ノート欄に時間調整のメモ

【時間があまったら】
iOSの手書きアプリについて話す。
・すでに5年近く使っていて、1000枚以上のノートを運用していること
・動作が重くなく、手書きの文字が飛ぶこともない
・Windowsは標準アプリは快適だが、サードパーティのアプリは動作が重い

【時間が足りない場合】
ここは、さらりと飛ばし、手書きはiOSの方が優れていると伝える

時間調整用の話のネタをノートに書いておくと、不測の事態に対応しやすい。万全
を期すには、時間が足りない場合の話し方も記載しておく

　そこで、全体の７～８割程度を消化したあたりのスライドに、調整用のネタ
を仕込んでおくと安心だ（**図 23-4**）。「時間が余ったら○○の話をする」「時間が
足りなければこのスライドは○○のみ説明する」とメモを書いておく。

　３分も調整できるとずいぶん違ってくる。途中から急いで進めると話が聞
きづらくなる。逆に、時間が余ったからと言って、その場の思いつきで話を
しても、内容が薄っぺらくなっては意味がない。基本的には自分のテンポを
崩さずに、内容の足し引きで時間を調整するのが正しい。

　これらのテクニックを使えば、プレゼンを時間通りに終わらせることは、
そう難しくないはずだ。もちろんあらかじめ話す練習をしておき、適切な時
間内で説明できるかを確かめておくことは大切だ。大事なプレゼンを成功さ
せたいなら、準備は最重要事項だ。

Lecture 24

プロのアナウンサーに聞く
プレゼンで勝てる話し方

今回のポイント

① 録音して自分の話す速度を認識
② 最も重要なのは冒頭の第一声
③ 高い音から始めて低い音で終わる

　プレゼン上手といわれるビジネスパーソンが話し上手だとは限らない。そもそもどんな話し方が上手で、プレゼンに向いているのか──。分からないことは専門家に取材するのが1番だ。アナウンサーの堤友香さんにプレゼン向きの話し方について聞いた（図24-1）。

　堤さんが所属するアナウンサー／タレント事務所のセント・フォース（東

図 24-1　アナウンサーの堤友香さんに聞いた

話し方のコツを聞いたアナウンサーの堤友香さん。アナウンサー／タレント事務所のセント・フォースに所属し、フジテレビ ONE の「プロ野球ニュース」、TBS の情報番組「あさチャン！」などで活躍（写真／菊池くらげ）

京・渋谷)はアナウンススクールを展開している。堤さんも講師の1人。テレビ局への入社を目指して、専門的な技術を学びたいと考える志望者が増えているそうだ。その一方で、仕事のために話し方のスキルを磨きたいというビジネスパーソンもいるという。

「プレゼンで説得力のある話し方をしたい人も参加していました。その後、昇進されたという話も聞きました。効果があったと実感していただけたのならうれしいです」(堤さん)

ビジネスパーソンにも、上手に話したいニーズがあるようだ。確かに、営業やプレゼンのセミナーなどを開催する企業はあるが、話し方の教育を受けた話はあまり耳にしたことがない。

プロは1分間300文字が目安だが……

前置きが長くなったのがそろそろ本題に入ろう。

まずは、どれくらいの速度で話すのが適切なのだろうか。よく、NHKのアナウンサーは1分間に300文字の速さで話すといわれるが、堤さんの認識もそれに近い。

「具体的に何分で何文字という練習はしてきませんでしたが、400字詰め原稿用紙1枚なら、1分と少しだと思います」(堤さん)。

とはいえ、プロのアナウンサーでない限り、聞きやすい速度ならそれでいいと堤さん。「滑舌が良い人は、自然に早口になることが多いです。うまく話せるし、相手も聞き取りやすいから早口になるわけですが、それはそれで構いません」

人それぞれ聞きやすい速度は違うので、自分が早口なのか、逆にゆっくりなのかを知って、それを修正する程度で十分だ。1分間に300文字の目安に近づけるように訓練する必要はない。

本番の録音を聞いてみよう

まずは、今の自分がどれくらいの速度で話しているかを確認することから始めよう。スマートフォンで構わないので、録音した自分の話し方を、じっ

図 24-2 スマホのレコーダーで声を録音

自分のプレゼンを録音して聞いてみることで、話し方の速度などを客観的に分析できるという。スマホのレコーダーアプリを使うと良いだろう

くり聞いてみるのだ（図24-2）。できれば練習のときだけではなく、プレゼンや商談など、本番の緊張した状態を録音して聞いてみる方がいいだろう。

　自分の話し声を聞くのは、ちょっと恥ずかしいかもしれない。プロのアナウンサーでさえ「なかなか慣れない」らしいが、録音を聞くことで、自分の話し方を客観的に分析できるのだと堤さんは言う。

　「人によって、パターンが2つに分かれます。緊張すると早口になる人と、遅くなる人がいるのです。遅くなる人は直しやすいですね」（堤さん）。

　ここがポイントで、緊張している状態で自分がどう変化するのかを知るために、できるだけ本番に近い環境で録音するわけだ。

　録音を聞いて自分で早口だと思ったらゆっくりに、逆なら速めるように心掛ければいい。

話にうなずいてくれる人を探す

　緊張していると、話す速度をコントロールするのは難しい。どうすれば緊張しないで済むのだろうか。

　「緊張しない状態を作るのは実は危険で、凡ミスが生まれやすくなります。

実は、ほどよい緊張を受け入れたほうが楽になります」と堤さん（図24-3）。緊張をほぐすためには、自分の話に同意してうなずいてくれる人を聞き手の中に探す。そうすると気持ちが落ち着くらしい。

　プレゼンの場合は、話しながらグラフを指し示したり、スライドをめくるタイミングを図ったりと、同時進行で進める作業は多い。だからこそ、あらかじめ「このスライドではこれを話そう」と決めておく。

図24-3　ほどよい緊張を受け入れる

「ほどよい緊張を受け入れたほうが凡ミスが少なくなる」と話す堤さん。アナウンサーやタレントのマネジメント事務所で、2019年にアナウンススクールを開講したセント・フォースの教室内で話を聞いた

図24-4　ノートのメモは箇条書きに

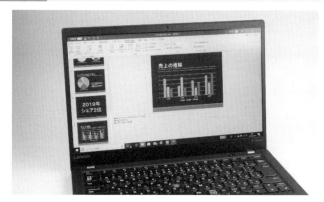

ノートに書くのはプレゼンのポイント程度にとどめて、自分の言葉で話す練習をする

　ただ、緊張してうまく話せない人には、原稿をそのまま読み上げる傾向がある。

　話すべきことは全部書いておいて、それを読めば安全だと思うかもしれないが、実は悪い結果を招く。棒読みになって熱意が伝わらない上に、逆に緊張してうまく読めなくなる。むしろプレゼンのポイントを箇条書きにして、それを見ながら話す練習をすべきだろう（図24-4）。

　原稿を読み上げるのではなく、自分の言葉で話してこそ、内容がよく伝わるというのが僕の自論だ。

何より大切なの冒頭のあいさつ

　プレゼンで話をするときに、何を心がけているだろうか。表情豊かに大きな声で話すという人がいる一方で、落ち着いた表情でゆっくり話すという人もいる。もちろん自分なりの工夫も大事だし、一生懸命に話せば熱意は伝わるだろう。しかし、「一生懸命」と「上手」は違う。上手な話し方を理解した

図24-5　正しい姿勢で声を出しやすく

猫背では覇気が伝わらないし、声もよく出ない。写真の堤さんのように、上からつり下げられている意識を持ってしっかりと立つ。これで声も出やすくなる

上で、一生懸命に話すのが最善なのだ。

「プレゼンに臨む際、最も重要なのは第一声です」と堤さん。最初の「初めまして○○です」などのあいさつに元気がなく、覇気が感じられないと、マイナスの印象を与えてしまう。逆に、最初に「元気なやつが来たな」と思われれば、プレゼンにも大いにプラスになるわけだ。

聞き取りやすい話し方には姿勢も重要だ。頭の上からひもでつり下げられているような意識を持って背筋を伸ばす（図24-5）。目線はやや上を見て、山なりのボールを投げるような意識で声を届ける。

下を向くと声が出にくくなるし、聞き手も自分に向けて話してくれていると感じられない。手元資料を見ながら話す際も、視線を落とすだけで読めるくらいの位置で持つといいだろう。

「えー」を防ぐコツは無音を恐れない

プレゼンの原稿で気を付けたいのは、いわゆる「こそあど言葉」だ。「この」「あの」「その」といった言葉は、音声による情報しかないラジオでは使わないそうだ。プレゼンの場合も、目の前のグラフを指し示して「このグラフをご覧ください」と言うよりも、具体的に「売り上げの推移を示したグラフをご覧ください」「どれだけ売り上げが伸びたかご覧いただきます」と言ったほうが伝わりやすい。

また「えー」「そのー」といった間投詞の連発も聞き苦しい。これを克服するには「無音を恐れない」ことが必要だと堤さんは言う。無音は聞き手が理解するための「間」であり、むしろ必要なもの。そう捉えれば、無音が恐くなくなる。

以上を踏まえた上で、プレゼンではいつも話しているときの3倍のテンションで話す。疲れるとは思うが、それが結果につながるなら、疲れるなどと言っている場合ではない。

音の高さと緩急で印象が変わる

聞き取りやすい話し方の基本は「川上から川下へ」だと堤さんは言う。こ

図24-6　音の高さと話す速度で印象が違う

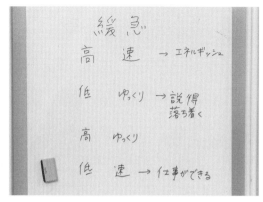

声の高さ／低さと、話す速度によって聞き手が受ける印象の違いをまとめてもらった。例えば、高い音で早口だとエネルギッシュだが、低い声でゆっくりだと落ち着く印象になる

れは音の高さを示している。実際、声の高さと話す速度には、いくつかの傾向がある。高い音で早口だとエネルギッシュな印象を受ける。低い音でゆっくりなら説得力があって落ち着く。低めの声で早口だと仕事ができるように感じられるとのことだ（**図24-6**）。

「大きな声、小さな声ではなく、その人なりに高い声、低い声を意識して強弱を付けます。重要なのは高い声から始まって、低い声で終わるようにすることです。高い音は人を引き付けます。スタートを高くして、語尾は低い音を意識するんです」と堤さん。

例えば「多くの子どもたちが楽しみました」という文を読む場合。川上にあたる「多く」を最も高い音にして、川下の「楽しみました」を最も低い音にする（**図24-7**）。慣れていない人が力を込めて話そうとすると、「多くのォー、子どもたちがァー、楽しみましたァー」などと、文の途中や最後に高い音を入れてしまいがちだ。これが聞き取りにくさの要因となる。

人それぞれ地声に高低があり、それを変えるのは難しいかもしれないが、心掛けるだけでも結果は違ってくるはずだ。

図 24-7　川上は高い声、川下は低い声

例えば「多くの子どもたちが楽しみました」という文を読む場合。川上にあたる冒頭の「多く」を高い音にして、川下の「楽しみました」を低い音にする

決め手はプレゼン中の笑顔

　大事なことを伝える際には、ついつい力が入ってしまい、早口になりがちだ。熱意があるのはいいのだが、大事なことこそ、ゆっくり話すべきだと堤さんは指摘する。テンポ良く話しつつも、大事なところはゆっくり、絶対に伝えたいキーワードはさらにゆっくり話すのだ。

　特に数字や横文字の言葉は、ゆっくり話さないと伝わりにくい。普通の言葉と違って「なんとなく」で聞き分けられないからだ。重要な数字などはゆっくり、かつ高い声にするのがポイントだと堤さんは言う。

　つまり、プレゼンで話すときに工夫すべきは「緩急」ということだろう。堤さんによれば、自分の名前をゆっくりと話すだけで覚えてもらいやすくなるらしい。そこで僕は「本日は、お忙しい中、ありがとうございます。戸田覚です」というシンプルな文を作って、自分の名前をゆっくり話す練習をしてみた。それを録音して聞いてみたところ、確かに効果がありそうだ。

　堤さんの話を聞いて、ポイントさえ押さえてしまえば、誰でも話すのがうまくなるという確信を得た。さらにプレゼン中に笑顔が作れれば文句なしだという。目が笑っていない笑顔に魅力はないが、赤ん坊に笑いかけるように意識すると目で笑えるようになるとのことだった。

第 **6** 章

次世代の
遠隔プレゼン術

オンラインプレゼンは
「カメラ写り」と「音」にこだわれ

今回のポイント

① 事前の社内テストで見せ方を確認
② 通信の状態とカメラをチェック
③ ヘッドセットで音質アップ

　新型コロナウイルスの影響で、Zoom や Teams などを使ったオンライン会議が一気に広がった。多少操作に慣れれば簡単に使えるため、何気なく利用している人が多いが、「声が聞こえづらい」「画像がよく見えない」といった愚痴をよく耳にする。注意してほしいのだが、あなたが「音質が悪い」と思っているのと同じように、相手も感じているものだ。まず自分から注意しようではないか。

図 25-1 資料の一部が隠れていないか注意

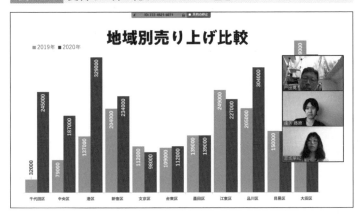

画面を共有して相手に資料を見せる際には、表示モードによっては一部が隠れてしまうことがある（画面はイメージ。実際の画面とは異なる）

　そもそも、テレビ会議や、その延長線上にあるオンラインプレゼンでは、相手にどのように見えているか把握しづらい。一度はきちんと確認しておくべきだ。社内でテストをして、どのように見えているかメンバーから感想を聞き、スクリーンショットを送ってもらえばいいだろう。カメラ映像のオン／オフ、音声のボリューム調整などの操作にも慣れておこう。

　話し手のパソコン画面を共有するのがオンラインプレゼンの基本となる。その際、表示モードの設定によっては、話し手や聞き手のカメラ映像と重なって一部が隠れてしまうことがある（**図25-1**）。できるだけスライドの端には数字や文字を置かないほうが良いだろう。ときには「この表、見えていますか」などと相手に声をかける配慮が必要だろう。

　相手はタブレットやスマホで見ている可能性もある。細かな文字は読みづらいので気をつけてほしい。

通信状態をしっかりチェック

　テレビ会議、オンラインプレゼンでは、自分の顔を出すのはマストだ。自分が顔を出さなければ、相手に出してもらうことを要望しづらい。相手の顔が見えないと、プレゼンではとても不利になる。リモートワーク時でも、家の中が片付いていないとか、服を着替えていない、あるいは化粧をしていないといった理由で顔を出さないのはあり得ない。これは仕事なのだ。

　より鮮明な映像を送信するために、通信の状態もチェックしておこう（**図25-2**）。せっかく時間を確保して話を聞いてもらっているのに、映像がぼやけていて、音声がブツブツと途切れているようでは台なしだ。

　リモートワークで自宅からオンラインプレゼンをする場合、自宅のインターネット回線を利用することになる。家庭用の回線はベストエフォートなので、常に良好な通信品質が得られるとは限らない。その部分は割り切るしかないが、できるだけトラブルが起きないように、あらかじめ対処しておくべきだろう。

　まず、家庭内の無線LANの電波がきちんと届く位置か。パソコンの設定画面で、十分な電波の強度があるか確認しておこう。ルーターやハブが近くにあるなら、無線ではなく、有線のLANケーブルで接続する手もある。家

図 25-2 オンラインプレゼンの準備チェックリスト

事前準備	会議ツールの操作に慣れておく	☐
	情報はスライド中央に配置	☐
通信	無線 LAN の電波強度を確認	☐
	家族にネット利用を控えてもらう	☐
カメラ	レンズが汚れていないか	☐
	必要なら外付けカメラを用意	☐
	逆光になっていないか	☐
音声	ヘッドセットを使う	☐

トラブルを避け、映像や音声をできるだけ高品質に届けられるように、しっかりと
チェックしておこう

族と同居しているなら、その時間は動画配信で映画を見るような通信帯域を
圧迫するサービスの利用は控えてもらった方がいいだろう。

光の当たり方にも注意

　カメラも点検しておこう。まずノートパソコン内蔵のカメラは指紋などで
意外に汚れていることがある。一度はしっかり掃除しておきたい（図 25-3）。
パソコンのカメラ画質が十分でない場合、外付けのカメラを取り付ける方法
も検討しよう。カメラを 2 重化しておけば、1 台のカメラにトラブルが起き
ても、もう 1 台を利用できるという安心感も得られる。

　パソコンがカメラを搭載していない場合も外付けカメラを使う。スマホの
カメラをパソコンの Web カメラにするアプリもある。機種によって相性が
あるため、事前の動作検証は不可欠だが、僕は iPhone 用の「EpocCam」と
いうアプリを利用している。スマホを Web カメラとして使うには、カメラ
を自分の顔に向けるためのスタンドも必要だ（図 25-4）。

　カメラを使うときには、顔に対する光の当て方にも気を付けよう。光源を
背にしてカメラを向いたとき、すなわち「逆光」の状態になってしまうと、
顔の一部が暗くなったり、カメラが明るく調整しようとするので全体が白っ
ぽくぼんやりした状態になってしまったりする。窓や照明からの光が自分の
顔にしっかりと当たるようにしよう。

図 25-3　カメラが汚れていないか確認

パソコン内蔵の Web カメラは柔らかい布でふくなど、きれいにしておこう。ビジネス用パソコンはカメラを搭載していないこともあるので、その場合は外付けカメラを使う

図 25-4　スマホを Web カメラとして使う手も

スマホを Web カメラとして使うときには、カメラが顔を捉えられるようにスタンドも準備する

少しでも良い声を聞き手に届ける

　プレゼンで熱意や思いを伝える決め手となるのは声だ。オンラインプレゼンでも、自分の声を少しでも良い音でお届けしたい。一般的にパソコン内蔵のマイクは品質が高いものではないし、周囲の音を広く拾ってしまう。質問を受けながら、その内容をパソコンでメモしよう、などとキーボードをたた

いたら、その音も相手に筒抜けだ。あまり良い印象は与えないだろう。

　そこで、おすすめなのは、ヘッドセットの利用だ（図 25-5）。マイクを口の近くに設置できるので、声がよりクリアに伝わるし、周囲の音も拾いづら

マイク付きヘッドセットが有効

ヘッドセットを使うとマイクが口の近くで声を拾うので伝わりやすい。低価格のものでもかまわない

テレビ会議用のスピーカー

テレビ会議用のスピーカーを使う手もある。写真の「Anker PowerConf」は税込み1万 2980 円。エコーキャンセリングも搭載している

い。ヘッドホンを耳に着けるので、相手の声も聞きやすい状況になる。安い
ものなら2000円前後から買えるので手軽だ。テレワークが急激に広がった
ために、一時期は品切れしていたが、徐々に解消されつつある。

　マイク付きのスマホ用イヤホンを利用する手もある。ただ、低価格のイヤ
ホンでは、マイク部に口を近づけないと、相手が聞きづらい場合もあるので
要注意だ。このほか、テレビ会議用のスピーカーを使う手もある（図25-6）。

ペンの手書きで注目度アップ

　オンラインプレゼンでは、実物のレーザーポインターは利用できない。そ
こでPowerPoint上で仮想的にレーザーの光を表示する機能を使う方法が
ある。スライドショー実行中に画面を右クリックして、「ポインターオプ
ション」で利用できる。マウスポインターがレーザー照射のようなイメージ
になり、スライドを指し示せるのだ。

　パソコンがペン入力に対応していれば、線や丸印、文字をペンで書き込み
ながらプレゼンを進めていくのもおすすめだ（図25-7）。オンラインプレゼン
では聞き手の集中力が途切れがちになるが、一気に注目度を高められる。

図25-7　手書きで注目を集める

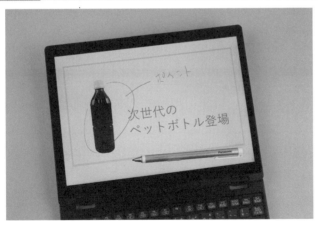

手書き対応のパソコンでペン入力をすれば、聞き手の注目度を高める効果が得られ
るだろう

スライドだけの企画書は読まれない 音声付き動画で熱意を伝えよ

今回のポイント

① スライド単体を送るだけでは伝わらない
② 音声付きでスライドショーを作る
③ 相手にはスライドショーとして再生してもらう

　PowerPoint のスライドを送って欲しい、と言われて困ってしまうことがある。プレゼン用のスライドは口頭での説明を組み合わせることで成立する。相手はそれだけを受け取っても、意味が分からないはずだ。

　そうしたときにお薦めしたいのが音声付きのスライドだ。「企画書を送ってほしい」という相手に、PowerPoint のスライドを単体で送りつけても、まず理解してもらえない。しかし、「5 分間の音声付きのスライドショーをぜひご覧ください」と伝えれば、再生してもらえる可能性は大きくなる。

　この方法は、外部接触をなるべく避けることが求められる with コロナの時代にも合っている。「まずはご挨拶程度でお伺いします」と相手先に出向くことができない場合でも、「こちらをご覧ください」と自分の声で熱意を込めて伝えることができるのだ。

音声付きスライドショーを録音

　PowerPoint は、ずいぶん昔のバージョンからスライドショーを保存する機能を搭載している。最近では音声も保存できるようになった。

　これが実に理にかなっている。以前はミスが許されず、一発でプレゼン全体を記録しなければならなかった。しかし、1 つもミスをせずにプレゼンを完成させるのは、慣れていない人にはハードルが高い。

図 26-1 「スライドショーの記録」を利用

「スライドショー」タブで「ナレーションの再生」にチェック、「スライド ショーの記録」を選択する。左上の「記録」ボタンを押して音声を録音する

　新しい PowerPoint ではスライドのページごとに音声を録音できる（図 26-1）。説明を録音したらスライドをめくり、次の説明を録音したらまためくる。もしミスをしてもスライド 1 枚分を録音し直せば済む。完成したスライドは、すべての音声がスライドに合わせて再生される。

忘れずに「再生してほしい」と伝える

　完成したスライドには音声が収録されているが、単にスライドを送っただけでは、受け取った相手は音声が録音されていることに気づかないだろう。「パソコン上の PowerPoint で開き、スライドショーとして再生してほしい」と伝えるのも忘れずに。
　またパソコン内蔵のマイクで録音を試したところ、声が割れてしまったことがあった。本気で使いこなしたい人は、外部マイクを用意したほうがいいだろう。

動画として記録するには別ツール

　プレゼンをスライドショー形式ではなく、動画として記録するには、米アドビの「Spark Video（スパークビデオ）」を使う方法もある（図 26-2）。iPhone や iPad 向けのアプリがリリースされているほか、アドビの Web サービスとしても提供されているので、パソコンでも利用できる。

　シーンごとにキーワードを入力し、音声を録音する。まさに "秒速" プレゼン風の動画が簡単にできる。完成した動画はクラウド上に保存されるので、リンクを相手に伝えるだけでいい。送られた相手がリンクをクリックすると、ブラウザー上で音声が入ったスライドのビデオを閲覧できる仕組みだ。

図 26-2 動画の作成・配信ツール

米アドビの「Spark Video（スパークビデオ）」を使うと、"秒速"プレゼン風の動画作成や、クラウド上からの配信が簡単にできる

Lecture **27**

「プロジェクターだけ」はもう古い
プレゼン資料をスマホに配信

今回のポイント

① 「Keynote」のライブ配信機能を活用
② 手元のスマホでスライドを表示できる
③ リンクをメールで送れば接続できる

　プレゼンと言えば、テレビやプロジェクターなど大画面にスライドを投映するのが当たり前だった。新型コロナウイルス感染拡大の影響が続けば、今後しばらくは、そうしたスタイルのプレゼンがしづらくなるかもしれない。オンライン会議ツールのZoomやTeamsを使ったオンラインプレゼンが求められる機会が増えるだろう。

　その後、事態が好転してもしばらくは「3密」を避ける意識が消えることはないはずだ。会議室の中でプレゼンをするとしても、聞き手は隣や前後の席と一定の距離を保つことが求められるはずだ。

　そうなると、テレビやプロジェクターまでの距離が遠くなり、画面が見づらく感じる人も増えそうだ。そんなときに重宝しそうなのは、MacやiOS向けのプレゼンアプリ「Keynote」だ。このアプリを使えば、聞き手が持っているスマホやパソコンでスライドを共有できるようになる（図27-1）。

　全員が手元に何らかのスクリーンを持っているのだから、それを見てもらう形でプレゼンをすれば、視力の弱い人も見やすくなるし、ソーシャルディスタンスを保つといった制限にも対処がしやすくなるだろう。

　小規模の会議であれば、密室を避けて、ビル入り口のオープンスペースや屋外スペースが選ばれることもあるかもしれない。そうしたときに、周囲にプロジェクターやテレビがなくても、Keynote Liveを利用すれば手持ちのスマホでもプレゼンのスライドが表示できる。

図 27-1 スマホにもライブ配信

iOS 向けのプレゼンアプリ「Keynote」を利用すると、さまざまなデバイスでスライ
ドが表示可能になる

URLを送付して聞き手を招待する

　Keynote Live の使い方を紹介しよう。

　PowerPoint のプレゼンファイルを取り込むには、OneDrive などのクラ
ウドストレージを利用すると手っ取り早い。Windows パソコンで作ったプ
レゼンのファイルを OneDrive 上に保存すれば準備 OK だ。iPhone や
iPad 側でも、OneDrive のアプリをインストールして、同じアカウントで
ログインしておく。さらに Keynote のアプリで OneDrive 上のファイルを
長押しして「移動」を選び、iCloud Drive 上にコピーする。その後、
iCloud Drive 上でファイルを開く（**図 27-2**）。

　プレゼンファイルを開いたら、Keynote Live で聞き手を"招待"する
（**図 27-3**）。招待といってもリンク（URL）をメールなどで伝えるだけだ
（**図 27-4**）。聞き手のスマホに Keynote がインストールされている必要はな
く、ブラウザーで利用できる。

　招待された側がリンクをタップすると、ブラウザー上で Keynote Live が
スタートする。多少のタイムラグはあるものの、十分実用的な速度だ。
Keynote でスライドをめくると、数秒遅れで聞き手全員のスライドがめく
られる。

図 27-2 「Keynote Live を使用」を選択

OneDrive 上のファイルを iCloud Drive にコピーして、そこから開く。スライドが開いたら右上のメニューを表示して「Keynote Live を使用」をタップする（右）。「iCloud に保存中」と出る場合は、しばらく待ってから再度試す

図 27-3 メールなどで参加を依頼

手順通りに進めていくと右の画面。ここで「閲覧者に参加を依頼 ...」をタップする。その後、メールなどで参加依頼を送信できる

図 27-4　リンクを開いてプレゼン開始

招待された側がメールで受け取ったリンク（URL）をタップすればプレゼンが始まる

　Keynote Live のいいところは、ブラウザーで使えるので聞き手が回線を意識せずに使える点だ。この手のツールでは「同じ Wi-Fi に接続している」というのが条件になっているものが少なくなかった。Keynote Live は、インターネットにさえ接続できていれば利用できるのだ。

第7章

注目ヒット商品に学ぶ

有力ヒット商品を生み出した
プレゼン資料／企画書を一挙公開

　この第7章では、ヒット商品を生み出したスライドや企画書を紹介していく。日経BPの情報誌「日経トレンディ」が毎年末に発表している「ヒット商品ベスト30」で取り上げられたものなどを中心に取材を申し込み、普段は企業秘密とされるべきプレゼンのスライド／企画書を公開してもらいながら、各社の担当者に話をお聞きした。

　さまざまなプレゼン関連の書籍やWebページを見ると、スライドの見栄えを良くするための多様な方法が解説されている。確かにスライド作りはうまい方がよいかもしれないが、見た目を上手に仕立てられたからと言って、プレゼンが成功するとは限らない。ましてや商品やサービスがヒットするわけではない。

　では、逆に考えてヒットした商品のスライドは何が優れているのか。そこに何か法則や共通項はあるのか。そんな疑問を抱きながら取材を進めたのが、ここで紹介する9社の事例だ。

📋 担当者がスライドを手作り

　146ページから、各社のスライドを見ていく。開発会議のプレゼンで商品の内容、実現したいことが正しく伝わらなければ、会社の上層部からのゴーサインは出ない。販促会議のプレゼンがうまくいかなければ、販売店や営業部隊からの応援も得られない。マスコミ向けの発表会で製品やサービスの意図を伝えきれなければ、消費者に誤ったイメージが届いてしまうだろう。そうした困難を乗り越えた各社のスライドは、ヒット商品を生み出すうえで大きな役割を果たしたはずだ。

　完成度が高いスライドも多いが、それでも担当者が手作りしているケースがほとんどだ。大手企業でもスタートアップでも、部長でも新人でも、スラ

イドを作るという土壌においてはそう大差ないわけだ。商品の開発には、非常に多くの工数と時間がかかる。プレゼンや打ち合わせを何十回も繰り返していくのは当たり前だ。本当に力が入るスライドは、開発会議の最終ジャッジだけで、そのほかはシンプルだったりする。

　目を見張るような美しいスライドではないな、と感じるものがあるかもしれない。それは、多忙中、ギリギリの時間の中で何をどう分かりやすく伝えるかを追求した結果なのだ。そこが最も注目してほしいポイントだ。

1〜2枚で分かることが重要

　社内で新製品やサービスの企画を検討するために作成したスライドは、案外シンプルなものが多い。だが、聞き手は十分理解でき、「何を作りたいのか」は、しっかりと伝わる。

　社外に向けた商品説明のスライド構成は、ほぼ共通している。コンセプトや市場背景から入り、続いて製品の特徴を詳しく解説する、というものだ。全体像を伝えることが重要で、聞き手もそれを求めている。

　ヒット商品の開発者たちは、数枚、ときには1枚のスライドで、作りたい商品の魅力を伝えなければならないと、口を揃える。これは考えてみれば当たり前のことで、人が店頭やネット上で物を買う際には、その魅力がスパッと伝わらなければ心をくすぐられない。最近はSNSなどで火を付ける作戦で成功している商品もある。その場合でも、口コミによる伝播が肝になる。やはり魅力がスッキリと伝わる必要があるのだ。

　簡単にまとめるなら、スライドには「ジャッジを仰ぐ」もの「説明するもの」、その両方をミックスしたものがある。特にジャッジを仰ぐためには、その判断基準になる魅力が1〜2枚のスライドで伝わらなければならない。それがこの取材から見えてきたことだ。

　最後に取材をご快諾いただき、貴重な資料を提供いただいた各社の皆様に、改めて感謝を申し上げたい。

※取材した担当者の肩書は、特に本文に断りがない限り、取材時のものを掲載しています。

累計1億本を支える営業資料
綿密なデータが生み出す「売る力」

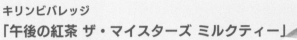

キリンビバレッジ
「午後の紅茶 ザ・マイスターズ ミルクティー」

キリンビバレッジ マーケティング本部
マーケティング部ブランド担当部長代理 **加藤麻里子**氏

（写真：菊池くらげ）

　2019年3月発売の「午後の紅茶 ザ・マイスターズ ミルクティー」は、午後ティーなのに「甘くない」という意外性を訴求して人気となった新シリーズ。オレンジティーを含む同シリーズの累計販売本数は、20年5月には1億本を突破している。そのヒットを支えたのが、これから紹介する社内資料だと言っていい。

　同社が販売店の担当者やバイヤーに売り込むプロセスはこうだ。まずマーケティング担当者が、営業担当者向けに資料を作り、新商品の特徴を伝える。

その社内の製品説明会の場では、さまざまな商品を取り上げるため、商品1
つ当たりに割り当てられた時間は15分程度しかない。そこで、大まかなコ
ンセプトなどを事前に告知しておき、詳しくは社内資料を読んでもらうという。

　営業担当は配布された社内資料を基にして自分なりの資料を作り、商談の
ストーリーを組み立てて売り込みに臨むのだという。ここで紹介する資料は
一部を抜粋した数ページのみだが、実物は50ページを超えている。

8年ぶりの主軸商品で紅茶市場の拡大を目指す

　キリンビバレッジでは1986年に発売された「ストレートティー」、その後
の「ミルクティー」「レモンティー」、2011年の「おいしい無糖」を「紅茶の
基盤商品」と呼んでいる。期間限定品も含めると、「午後の紅茶」のブランド
名が付く飲料は数多くあるが、基盤商品は主軸として売り続けていく商品だ。
「ザ・マイスターズは、約8年ぶりに登場した基盤商品」と、同社マーケティ
ング本部マーケティング部ブランド担当部長代理 加藤麻里子氏は語る。

　この新商品をどう売り込むか。営業担当が商談するときに必要になるのは、
やはり説得力のある数字だ。「午後の紅茶は、ティーブランドとしてはナン
バーワンなので、まず市場の状況から紹介しています。紅茶の市場が伸びな
いことには『午後の紅茶』も伸びません」(加藤氏)

　ペットボトルや缶など、蓋を開けてすぐに飲める飲料(RTD、Ready To
Drink)の国内市場において、紅茶飲料のシェアは4.8％しかない。日本では、
紅茶は比較的飲まれていないのだ。資料の冒頭では、まずこのグラフを見せ
ると加藤氏は言う(図H1-1)。

　営業に不利になりそうな数値をなぜ示すのか。その理由は次ページ以降を
見ていくと分かる。実は紅茶の消費量は、グローバルでは大きく伸びている
のだ。茶葉の生産量は10年間で1.3倍に伸長し、RTD紅茶の販売量は1.5
倍となっている(図H1-2)。しかも、コーヒー豆と紅茶葉の生産量を飲料の
杯数に換算すると、コーヒーよりも紅茶のほうが圧倒的に多いという。

　つまりグローバルでは「コーヒーより紅茶」であることを示し、国内に"伸
びしろ"があることを強調しているのだ。

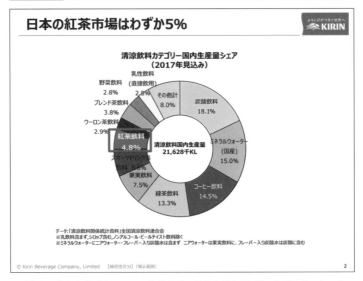

まず市場の状況を説明するのは、紅茶市場の拡大を担う「午後の紅茶」だからこそ

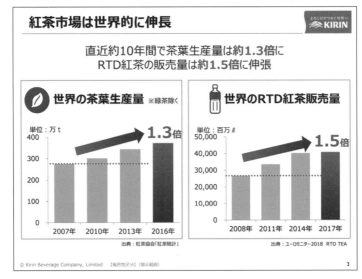

グローバルでの茶葉の生産量と RTD（蓋を開けてすぐに飲める飲料）紅茶の販売量の伸びを直近約 10 年のデータで見せる

背景を踏まえ、3つのポイントで提案

　ターゲットとなる30代以上の女性にミルクティーが敬遠される理由は、甘さやカロリーだ(図H1-3)。「以前も微糖のミルクティーを出したことがありますが、思ったようには売れませんでした。その後もトライし続けましたが芳しくありませんでした」(加藤氏)

　甘さを抑えたとはいえ、従来のミルクティーはまだ甘かった。無糖や低糖を求める一方で、甘いものを「おいしい」と感じるというデータをベースにしていたためだ。「ミルクティーというカテゴリーでの『低糖』と捉えていました。狙うべきは無糖／低糖カテゴリーのユーザーだったのです」(加藤氏)

　新商品ではボトルのデザインを一新し、「ザ・マイスターズ」というサブブランドを付けた。

　「ザ・マイスターズ ミルクティーを開発するに当たっては、製法自体を新たに開発しました。紅茶の濃度は同じでも、甘さを減らすと薄く感じてしまう傾向があります。そこで茶葉の量を増やし、抽出方法も変えたリッチな紅

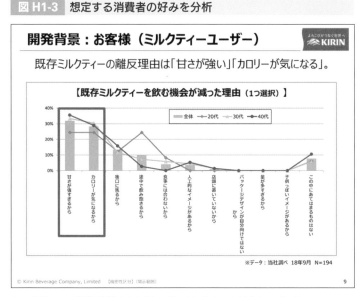

図 H1-3　想定する消費者の好みを分析

ミルクティーの課題が「甘さ」や「カロリー」にあることは分かっていた

市場の説明、開発の背景に続いて、新商品の特徴をまとめる。「人は多く伝えすぎると覚えきれないので、ポイントを3つに絞り込みました」と加藤氏

茶を作ったのです」(加藤氏)

　市場調査や分析を軸に新商品を開発する一方で、マーケティングで重要視したのはプレゼン後半のページに掲げた3つのポイント「新しいリッチブリュー製法」「甘くない微糖」「仕事シーンにも合うスタイリッシュな新ボトル」だ(**図 H1-4**)。

　資料の最後では年間のプロモーションプランを提示し、どの時期にテレビCMや広告を強化し、ヤマを作っていくかを伝えている。「スケジュールを示すことで、販売店の人たちに売り方の参考にしてもらうとともに、意気込みを伝えることができます」(加藤氏)。長期の視点で販売数を積み上げていく基盤商品だからこそ、スケジュールの提示が大切だという(**図 H1-5**)。

　プレゼンテーションとは相手に熱意を伝え、説得する行為だ。商品やサービスの特徴を分かりやすく説明することも大切だが、ロードマップで時間軸を明確に示し、綿密な計画の下で販売する姿勢を見せることも必要なのだ。

図 H1-5 具体的な計画で本気度を示す

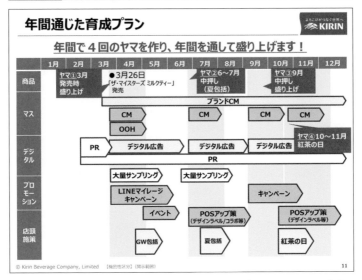

いつキャンペーンを実施し、CM を展開するかといったプロモーションの具体的な
スケジュールを提示することで商品に対する "本気度" を示している

日清の完全栄養食、1枚で社長を説得
商品化を切り開いたスライド

日清食品
「All-in PASTA」

日清食品 マーケティング部ダイレクトマーケティング課
ブランドマネージャー **佐藤真有美**氏

（写真：菊池くらげ）

　2017年の初頭。日清食品マーケティング部ダイレクトマーケティング課
ブランドマネージャーの佐藤真有美氏は、かすかに緊張を感じながら、安藤
徳隆社長の前に立った。日清食品の創業60周年に当たる18年度に発売を
目指す商品企画のプレゼンテーションをするためだ。

　佐藤氏のEC（電子商取引）グループが企画した新商品は、ビタミン、ミネ
ラルなど1日に必要な栄養素が摂れる「完全栄養食」だった。日清食品のマー
ケティング部には10のブランドグループがある。さまざまな部署から多く
の企画が上がってくるため、佐藤氏に与えられた時間は限られていた。そこ
で、新商品の特徴がひと目で分かるよう、冒頭のスライドに図解で示した。

1枚のスライドで社長の目を引き付ける

　「野菜や一汁三菜をイメージする写真を並べるなど試行錯誤しましたが、結局、厚生労働省の図が分かりやすいと思いました」と佐藤氏。1日に「何を」「どれだけ」食べたらいいかについて、栄養バランスを示した厚生労働省の図。それを左側に置き、右側には、同社グループの創業、そして技術革新の象徴である「チキンラーメン」に似た麺の写真と組み合わせた。

　プレゼンを聞いてもらえるかどうかは導入の1枚で決まる。限られた時間の中で、「社長はやるか、やらないかを一瞬で判断します」と佐藤氏。安藤社長が難色を示してからこまごまと説明するようでは企画は通らない。だからこそ冒頭のスライドで製品コンセプトの魅力と革新性をすべて提示する必要があった（**図 H2-1**）。

　「いいよ、次に進んで」。佐藤氏のプレゼンを聞き終えた安藤社長の言葉は、実に素っ気ないものだった。称賛の言葉があったわけではない。それでもNGが出なければゴーサインとなるケースが多い。佐藤氏のプレゼンは成功したのだ。

図 H2-1　聞き手を納得させる要素を 1 枚に集約

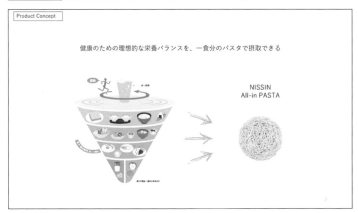

厚生労働省の図と乾麺の写真を組み合わせたスライド。この1枚が安藤社長の納得を引き出すうえで大きな役割を果たした

コピー案を列挙してコンセプトワードを探す

　さらに資料の内容を見ていこう。佐藤氏がプレゼンした完全栄養食「All-in シリーズ」には、麺の中心部に各種の栄養素を詰め込む「栄養ホールドプレス製法」が採用されている。製法については企画の段階で既に開発部隊との研究を進めていた。実現可能なのは分かっていたのだが、一般的なインスタント麺と比べて製品価格が高くなってしまう。それについては麺単体で400円、カップタイプで600円と資料にも記載した（図 H2-2）。

　ところが新商品を提案するうえで、価格はさほど問題にはならなかったという。日清食品にはコストよりも革新性を重視する企業文化があるからだ。「チキンラーメンを出した当時も、うどん一玉と比べると 6 倍くらいの価格だったのです」（佐藤氏）

　「新商品に含まれるすべての栄養素を手作りの料理やサプリメントで摂取するのは、400円では絶対に無理です」と佐藤氏。強みをアピールするためのブランドコピー案も資料の中で提示した。

　1 枚のスライドに並べられたコピー案は、実に 32 種類。佐藤氏によれば「できるだけ多くのコピー案を提示するようにしている」とのこと。安藤社

図 H2-2 想定価格とその狙いを説明

| Product Concept |

1食で理想的な栄養補給、新世代バランス食。

主食として成り立つフレキシビリティ
美味しさを引き立てるパスタソースは別売

- 袋タイプ：パスタのみ
  1食400円（仮）※5食パックも
- カップタイプ：パスタ＋ソース
  1パック600円（仮）
- ソースパック単品
  1パック200円（バター醤油、トマトクリーム、ジェノベーゼ、和風たらこ）

商品価格についての説明。ここでは仮の価格となっているが、現在の日清食品のサイト上での販売価格も、このときの想定通りとなっている

長はコンセプトワードへのこだわりが特に強く、「さまざまな方向性や角度から、多くの案を考え出すことで、思いがけず良いコピーが生まれることもある」と、常々話しているそうだ。本命のコピー案を赤で表示したことに加え、「すべて入ってる」「バランス」「栄養」など、訴えたい内容によってカテゴライズしている点にも工夫が見受けられる（図 H2-3）。

製品化へのゴーサインが出た後、佐藤氏は 18 年 5 月の定例会で発売後のコミュニケーションプランを提示し、消費者に何を発信するかを説明したという。佐藤氏が消費者にアピールする言葉の軸に据えたのは「栄養ホールドプレス製法」というネーミングだ。

面白いのは、ブランドコピー案と同様に、製法の名前も多くの案を列挙していること。いかに消費者とのコミュニケーションを図るうえで製法名を重視したかはスライドを見れば分かる（図 H2-4）。

もちろん、どんな仕組みで栄養をとじ込めているかという、製法の仕組みも資料でしっかり解説している（図 H2-5）。

19 年 3 月に発売された All-in シリーズは、オンラインストアに限定された商品でありながら、想定外のヒットを記録した。佐藤氏によれば「2 カ月分の予定在庫が 5 時間で売り切れました。大阪の百貨店で実施した試食販

図 H2-3　大量のコピー案で議論を促す

【市場優位性を意識したコピー案】
- 本当に栄養が摂れる、唯一のパスタ
- お腹の中まで届ける栄養
- すべての栄養素が摂れる初めてのパスタ
- 本当に摂れるのは、これだけ
- 全部摂れるのは、これだけ
- 全部入ってるのは、これだけ
- 一日に必要な栄養が完璧に配合された唯一のパスタ
- 日本人に必要な栄養バランスが摂取できる唯一のパスタ
- 体内に入る栄養素を考えた
- 体内に届く栄養素にコミットする
- 体内に届けることにこだわった「All-in PASTA」
- 体内に届けるために開発された「All-in PASTA」

【すべて入ってる】
- これだけで、すべての栄養を全部摂り
- カラダにいいものオールイン
- からだに必要なものオールイン
- 必要な栄養がオールイン
- あなたに必要なもの全部入り
- すべての栄養素が摂れる初めてのパスタ
- 全ての栄養素が入った新パスタ（新時代パスタ）

【バランス】
- これだけで理想的な栄養摂取
- すべての栄養を、理想的なバランスで
- 栄養の偏りが気になるあなたに
- 日本型のバランスの良い栄養を、一食にオールイン
- 理想的な栄養摂取をかなえる
- 一日に必要な栄養の1/3が一食で取れる
- 日本人が一日に必要な1/3の栄養摂取をかなえる
- 日本型のバランスの良い食事を一食で。All-in PASTA

【栄養】
- 日清史上最高の栄養食
- 食事でとる栄養
- 食べる栄養食
- 届け！栄養！

【余分なものは入れない】
- 身体に必要なものだけで作りました

製品をアピールするためのコピー案を列挙した。その後の社内議論が深まるように、本命以外にも大量のコピー案を提示している

主軸キーワードとなる「製法」のネーミングにもこだわり

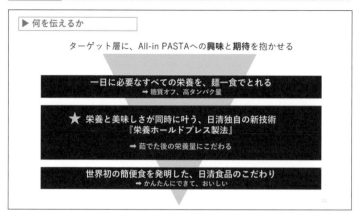

顧客に何を伝えるかを箇条書きにしつつ、中央の「栄養ホールドプレス製法」という
ネーミングに目が行くようにまとめている

All-in PASTA 製法名案

	【栄養素担保系】	【栄養素&おいしさ系】
栄養プロテクト製法	栄養サンド製麺法	栄養旨み製法
栄養ホールド製法	三層センター栄養圧縮製麺法	旨い栄養練り込み製法
	栄養素中央凝縮製麺法	栄養混合時旨みそのまま製法
栄養センタープレス製法	栄養素センター封じ込め製麺法	栄養注入時味不変製法
	栄養素封じ込め製麺法	栄養添加時味向上製法
栄養ミッドポイント製法	中心部栄養封じ込め製麺法	栄養旨味合体製法
	栄養瞬間ホールド製法	栄養旨味両立製
栄養オールイン製法	栄養圧縮ホールド製法	食感そのまま栄養製法
	栄養凝縮製法	
栄養詰め込み製法	栄養プレス製法	【新技術系】
	栄養練り込み製法	3層麺高温ドライ製法
栄養とじこめ製法	栄養茹ででも抜けない製法	栄養そのままドライ製法
	栄養素そのまま製法	栄養素ドライ製法
栄養逃げない製法	栄養旨味化製法	
	栄養壊れない製法	【その他】
栄養抜けない製法	栄養抜けない製法	栄養素バランス製法
栄養ど真ん中製法	栄養溶け出さない製法	真中栄養凝縮製法
	栄養流出防衛製法	スーパー栄養製法
栄養デラックス製法	栄養流出防止製法	ハイパー栄養製法
		ウルトラ栄養製法

ブランドコピー案同様、製法名でも多くの案を列挙してネーミングを丹念に検討した

売は、夕方には予定していた5日分が全部売れてしまいました」とのこと。

All-in シリーズは完全栄養食としては十分な味とはいえ、価格に見合った
おいしさという点で、まだ改良の余地があるという。「SNS などでつぶやい
てくれる人も多く、おいしいかも含めて、話題になったのが大きいですね。
オンラインストアでは、いろいろな味を組み合わせたセットを買う人も少な
くありません」と佐藤氏。

図 H2-5 先進的な仕組みも図解でしっかり解説

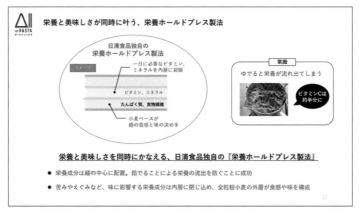

「All-in シリーズ」は独自の製法で、ゆでると流出しやすい栄養素を麺にとじ込めることに成功。そうした仕組みもプレゼン資料の中で紹介している

　そうした話題を集めるうえでコピーや製法名の役割は大きかったはずだ。初期の段階からブランド名の候補を大量に挙げるといった手法は、ビジネスパーソンには大いに参考になるだろう。シンプルな言葉で伝わらないのであれば、そのブランドは受け入れられにくいことが身にしみて分かるプレゼン資料だった。

「こすらず洗う」ライオンの浴室洗剤 ヒットを支えた配布用資料

ライオン
「ルックプラス
バスタブクレンジング」

ライオン ヘルス＆ホームケア事業本部
リビングケア事業部ブランドマネージャー　**宮川孝一**氏

（写真：菊池くらげ）

　汚れがきれいに落ちる浴室用洗剤は、いまや当たり前だ。最近の浴室用洗剤はどれも性能が高くなり、少ない量で十分きれいになる。新しい価値を提供しなければ、爆発的なヒットにはつながらない。

　ライオンの「ルックプラス　バスタブクレンジング」は、2018年9月の発売から1年3カ月で累計3500万本という大ヒットを記録した。20年4月には除菌とピンク汚れ予防ができる同シリーズの「銀イオンプラス」も発売し、ますます販売数を伸ばしている。

　最大の特徴は「こすらなくても汚れを落とせる」ことだ。洗剤を吹きかけて60秒ほど待ち、シャワーで洗い流す。シャワーの水流で汚れが落ちるので、こする必要がない。

「洗浄力が強い」と言われるのが嫌だった

「浴室用洗剤で『こすらず洗える』とうたう製品は、実は古くからありました。十数年前まで各社がそんな売り方をしていました。しかし、実際は落とし切れない汚れもあり、廃れていった経緯があります。自戒の念を込めて、本当に『こすらずに汚れを落とせる洗剤』を開発しようとしました」と話す同社へ

図 H3-1　洗剤に何が求められているか、まずは詳細データを示す

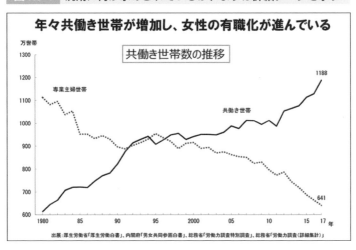

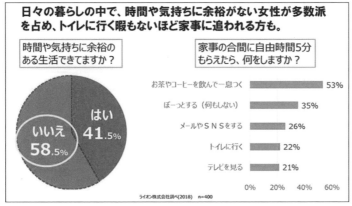

こちらが発表会のプレゼンテーションで提示したスライド。まずは「こすらない」というキーワードにたどり着くまでの背景を説明するために「風呂掃除が負担になっている」ことを示している

ルス＆ホームケア事業本部リビングケア事業部ブランドマネージャーの宮川
孝一氏は、報道向け発表会のプレゼン資料を見せてくれた。

　近年の浴室用洗剤のトレンドが「除菌や消臭」という付加価値に移行する
なか、宮川氏はルックプラス バスタブクレンジングの「こすらず洗う」とい
う特徴を、製品発表会でどう伝えるかに苦心したと言う。

　「嫌だったのは『洗浄力が強い』と言われることでした。私たちが目指した
のは『風呂掃除の負担を軽減する』こと。そのためプレゼンでは、風呂掃除
が大きな負担になっているという背景のデータを最初にしっかり説明しまし
た」（宮川氏）

　時代背景、市場の状況などを最初に説明するのはプレゼンの定番スタイル
だが、宮川氏のプレゼンではそこに注力したわけだ（**図 H3-1**）。

　「ルックプラス バスタブクレンジングを使うメリットは人によって違いま
す」と宮川氏は言う。「重要なのは『こすらず洗える』ということ。それを時
短になると考える人もいるし、腰への負担が軽くなる、滑ることの恐怖心か
ら解放される、服をぬらさなくて済む……など、いろいろあります。受

図 H3-2 キーワード「こすらず」をプレゼン資料で連発

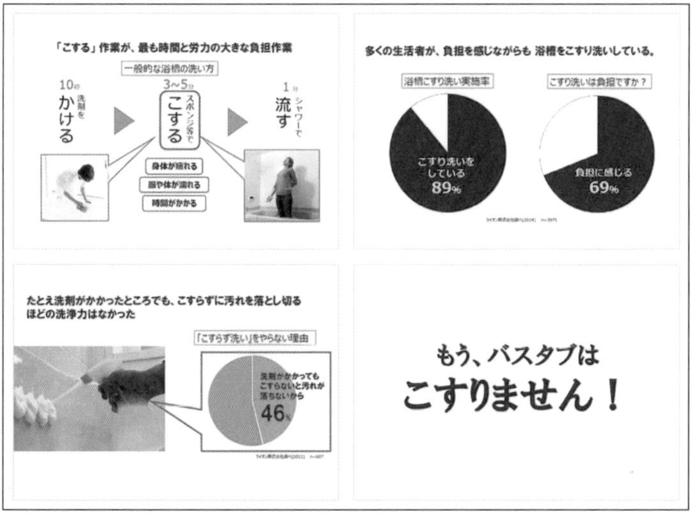

プレゼン資料の中で「こすらず」「こする」「こすり洗い」というキーワードを何度も
使用していることが分かる。43 ページの資料の中で「こすらず」は 19 回、「こすり
洗い」「こする」は 5 回登場する

け取り方は使う人にお任せし、こする必要がないことを打ち出せば、製品の良さを分かってもらえると考えました」(図H3-2)。

見返すことを前提にした配布資料も用意

　宮川氏は、製品発表に向けて2種類の資料を用意した。1つはプレゼンテーションで使用するスライド。ミソはもう1つのほう。詳しい解説を詳細に記した配布資料だ。この資料の中で、なぜ今「こすらない」が求められているのか、どのように「こすらない」を実現しているのか、従来の洗剤と何が違うのか、といった説明をしている。

　配布資料は全17ページで、びっしりと説明が書き込まれている。これはもちろん、最初から全部読んでくれ、というわけではなく、プレゼンを聴講して理解できなかったこと、聞き逃したことなどを再確認するためのもの。つまり、後から見返すことを想定した配布資料を用意したわけだ(図H3-3)。

　では、プレゼンを聴講したメディアは、宮川氏の狙い通りに報道してくれ

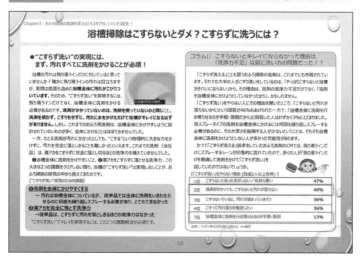

図H3-3　詳細な説明を読んでもらうための「配布資料」を用意

配布用の資料でも、家事負担の大きさや、家事の効率化という市場のトレンドを紹介した後、その解決策として製品を登場させ、詳しい説明をしている。プレゼンのスライドと比べて文章の量が多くなっている

たのだろうか。

　「発表会の直後にテレビでも取り上げられましたが、『浴槽全体に泡をかけることでこすらず……』と、狙い通りに紹介されました。一般の消費者もSNSなどで、洗浄力よりも、こすらないことのメリットについて書いているものが目立っていました」と宮川氏。

　ルックプラス　バスタブクレンジングのプロモーションに最も効いたのが先の配布資料であることは間違いない。時代背景、市場の状況などをきちんと紹介し、製品を開発するに至るまでのストーリーをしっかり組み立てたことも良かった点だろう。

　ちなみに、宮川氏がこの配布資料を作るのには３カ月ほどかかったとのことだ。ここまで作り込んだ資料に時間がかかることは、毎日文章を書いている僕にはよく分かる。

　この本では、さまざまな時短テクニックを紹介してきたが、ここぞという大舞台では効率化だけでなく、内容をじっくりと検証するのは当然のことだろう。なにしろ開発には７年もかけたのだ。３カ月の苦労など短いものではないか。

Hit Product 04

120万本売れたスティックのり
ブランド化に成功した説明資料

コクヨ
「GLOO（グルー）」シリーズ

コクヨ ステーショナリー事業本部ものづくり本部
切る・貼る・綴じる VU 企画 1 グループ　リーダー　**増田和之**氏
（肩書は 2018 年秋当時のもの、写真：今 紀之）

　少子高齢化に伴う人口減少が進む日本では、これまでと同じビジネスを続けていたら成長が止まることは明白だ。文具業界も例に漏れず、企業や学校などが決まった文具をまとめて購入する「伝票買い」が期待できなくなっているという。

　最近は、ユーザー自らが能動的に文具を選択する時代になりつつあり、熱狂的な文具ファンも登場している。そんな時代背景を受け、新しい文具の売り方を目指してコクヨが開発した新ブランドが GLOO（グルー）だった。

プレゼン冒頭ではあえて GLOO のシンプルさを際立たせた。「今までの商品と違うんだ、というイメージをとにかく伝え切らないと、その後の話を聞いてもらえない」と増田氏は話す

　「最も力を入れたのは、冒頭部分のイメージとコンセプトを伝えるスライド（**図 H4-1**）。まず製品のコンセプトをきちんと伝えたうえで、詳しい説明に進まないと理解してもらえません」。そう話すのは、2018 年秋にステーショナリー事業本部ものづくり本部 切る・貼る・綴じる VU 企画 1 グループのリーダーとして企画を進めた増田和之氏だ。

売り場で目を引くシンプルさ

　文具店をのぞいてみると分かるが、のりやテープの売り場にはカラフルな製品があふれている。棚の中で目立とうと、どれも目に突き刺さる原色の製品ばかり。増田氏は「これまでは、例えば『粘着力○倍』といった、売り文句が製品に付けられていました。選んでもらうためには重要な情報ですが、購入した後では、そうした文字は不要となります。派手派手しく、オフィス机の上で浮いてしまうデザインを脱却したかったのですと話す（**図 H4-2**）。

　選ばれる製品やパッケージを目指し、シンプルを突き詰めたデザインに定

図 H4-2 現状の分析から新ブランドを作り出す背景を説明

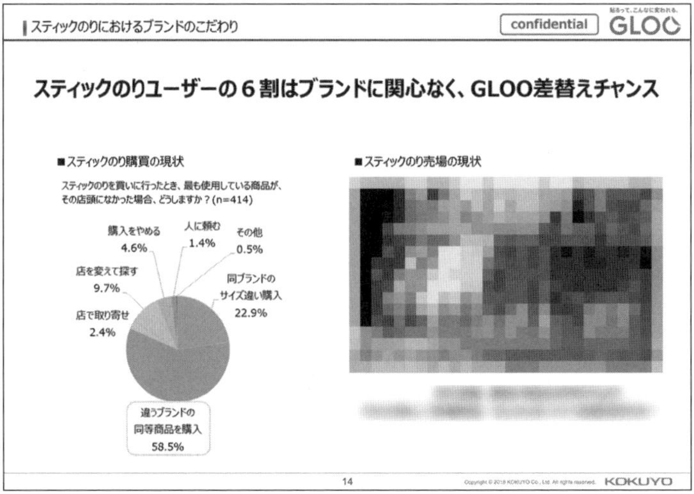

ユーザーの6割は既存のブランドにこだわりがなく、必要であれば別のブランドを選ぶというデータを示している。さらに売り場で目立つための策として新ブランドの必要性を訴えている（資料の一部に加工を加えています）

評のあるデザインオフィス「nendo」に依頼した。売り場がカラフルだからこそ、シンプルな製品をまとめると逆に目立つと増田氏は考えたのだ。

パッケージのシンプルさと機能訴求のせめぎ合い

シンプルなデザインだけでなく、機能性の高さも GLOO の特徴で、使い勝手を良くするための工夫が随所に盛り込まれている。例えば、スティックのりは角まで塗りやすいよう四角形になっている。また、テープカッターは簡単に吸着固定／解除できる特殊な吸盤構造を底面に採用し、本体を軽量化しつつも、片手でテープを切れるようにしたという。

とはいえ、シンプルさを特徴としている製品のパッケージに、特徴をうたう文言がごちゃごちゃと並んでいたら台無しだ。そこで増田氏は、最も重要なことを一言だけ、パッケージの前面に書き、機能については背面で詳しく説明するようにした。

ちなみに増田氏は、説明資料でもパッケージと同様の手法を採っている

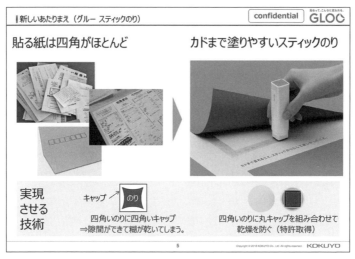

GLOO はシンプルなデザインだけでなく、機能や使い勝手にもこだわっている。説明資料の後半では、そうした各製品の細部をしっかりと説明したという

（図 H4-3）。最初はデザインのシンプルさを訴え、中盤から機能面での工夫や仕組みをじっくりと紹介しているのだ。加えてプレゼンでは「動画を挟むことで独自の機能や工夫したポイントを伝えました」（増田氏）

予備調査で手応え、その数値が営業にも

　増田氏は GLOO の発売前に綿密な予備調査も実施している。仮設店舗を用意して、消費者に購買行動を再現してもらったのだ。結果、コンセプト評価では 64％のユーザーが「GLOO を買いたい」と答え、売り場の占有率（21％）を上回る選択率（29％）を獲得した。さらに使用後の評価では 77％の支持を得たという。

　予備調査の成果は、当然、説明資料の中にも具体的に記載されている（図 H4-4）。評価の高さは営業担当のモチベーションを上げ、大手文具店のイベントでの展示から好調なスタートダッシュへとつながっていく。

　GLOO の販売は好調で、スティックのりは 19 年末時点で出荷数が 120

図 H4-4　調査で見えた数値のインパクトもしっかり提示

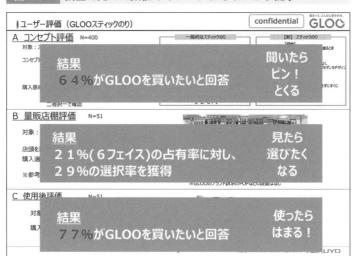

予備調査の結果を説明資料のスライドで具体的な数値を見せ、営業担当のモチベーションを上げることに役立てた

万本を突破するヒット商品になった。コクヨでは年に 20 アイテムを超えるほどの新製品をリリースしているが、ここまで力を入れた社内説明会、店舗での体験会などを開くことはまずないそうだ。増田氏とチームのメンバーによるプレゼンは社内の意識を高め、伸び悩む市場に新しい風を吹き込んだと言えるだろう。

ダイキンの商品創出プロジェクト
クラファンを成功させた進化する資料

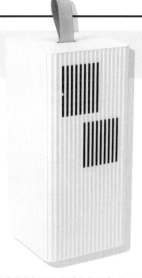

ダイキン工業
「Carrime（キャリミー）」

ダイキン工業
空調営業本部 事業戦略室 アイデア商品創出プロジェクト **野口愛子**氏
（写真：菊池くらげ）

　「Carrime（キャリミー）」という製品をご存じだろうか。高さ40センチメートルの箱形のエアコンで、重量約6キログラムと手軽に持ち運べることをセールスポイントにしている製品だ。

　ダイキン工業は2018年にアイデア商品創出プロジェクト「DAIKIN LAUNCH X（ダイキン・ローンチ・エックス）」を立ち上げた。プロジェクトの一環として、19年末にクラウドファンディングサイト「Makuake」にCarrime を出品し、目標額の160％に当たる約2300万円を集めた。

　ここで紹介するのは、プロジェクトを進めるに当たって社内の議論に使われた資料だ。残念ながら紹介できるのは一部だけとなるが、議論の過程をどのように資料に落とし込んでいったのか見ていこう。

顧客の意見を取り入れた製品開発

　19年8月8日は、関東や関西で最高気温が35度前後の暑い日だった。「アイデア商品を自ら売り、お客様の声を聴く取り組みについて」。空調営業本部事業戦略室の会議で配布された資料には、そんな題名が付けられていた。会議の議題は3カ月後の11月に公開する新しいEC（電子商取引）サイトについてだ（**図 H5-1**）。

　スライドの2ページ目に「前回の指摘を踏まえ、11月公開に向けた構築内容の確認」とあることから、ECサイトの公開を3カ月後に控え、詳細が固まりつつあったことが分かる。その下には「アイデア商品ECサイトの名称、構成」「オンラインショップ運営体制」といったアジェンダ（議題）が並んでいる。

　DAIKIN LAUNCH X と名付けられたそのECサイトは、単なる直販サイトではないと空調営業本部 事業戦略室 アイデア商品創出プロジェクトの野口愛子氏は言う。「直販の仕組みも備えていますが、売るためのサイトと

図 H5-1　会議の位置付けを明確に示す

本日のアジェンダについて

前回の指摘を踏まえ、11月公開に向けた構築内容の確認

＜アジェンダ＞
● プロジェクト概要（取り組み目的、狙う成果）
● アイデア商品ECサイトの名称、構成
● 初年度EC取り扱い製品
● オンラインショップ運営体制

● 対応内容と人工の想定
● お客様の流入計画
● 収集したお客様の声を商品開発に活かす
● スケジュール

2019年8月8日に開催された会議のアジェンダ。チーム間で状況を確認する中間とりまとめ的な会議であったことが分かる（資料の一部を加工しています）

図 H5-2 消費者へのメッセージと企画から販売までの流れを整理

「CONTENTS」「IDEA」「SHOP」という3段階の流れを見せつつ、同社にとって新しい製品企画と販売手法を整理している

は考えていません」。顧客とのコミュニケーションをより密にし、良い商品を育てようという考えに基づいているという。その方針を説明しているのが「お客様に伝えたいメッセージ」のタイトルが付いたスライドだ。

そのスライドでは「CONTENTS」「IDEA」「SHOP」という3段階の流れを見せている（**図 H5-2**）。DAIKIN LAUNCH X ならではの新しいライフスタイルを提案し、顧客と対話しながら新しい製品を生み出し、販売するというサイトの役割をまとめているわけだ。ロット単位で製造・出荷する業務用エアコンを得意とするダイキン工業が、Carrime のような製品の企画から販売に至る新しい流れを作るまでには、並々ならぬ苦労があったという。

DAIKIN LAUNCH X の商品開発の流れにはアジャイル開発の手法を取り入れている。「アジャイル開発」はもともとソフトウエア開発で用いられる言葉で、製品のリリース後、ユーザーの声などを基にいち早く改善する考え方だ。その考え方に加え、「ソーシャルメディアリンク」「クラウドファンディング連携」などのキーワードを交え、旧来の発想の転換を目指すことを

示しているのがこのスライドだ。

プロジェクトも資料もさらに発展

　野口氏自身は、EC サイトを利用した販売やマーケティングなどの経験がほとんどなかったという。僕が取材してきた経験では、今回のような取り組みに際しては外資系や IT 系などマーケティングに強い人材を他社から引き抜くケースが多い。しかし「ダイキンには『できることはやってみよう』という風土がある」（野口氏）ため、社内の人材を生かす方針をとっているそうだ。

　顧客との対話による情報収集の経験もないので「手探りでした」と、野口氏はプロジェクト開始当時を振り返る。「分からないことは、うまくいっている企業に取材をお願いし、いろいろ教えてもらいました」。製品企画に際しては、打ち合わせを重ねながら大量の資料を作成していく。このプレゼン資料も途中経過をまとめたものなので「粗々の状態」とのことだ。

　部内でオーソライズできるポイントを決めていく段階なので、見た目にこ

図 H5-3　サイトの価値を伝える手法を整理

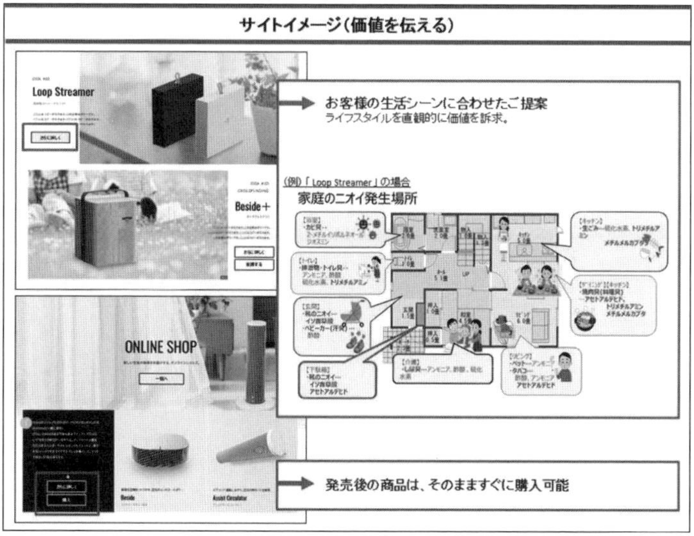

ここで見せている Web サイトのイメージも、手探りで社内議論を重ねながら作っていったという

図 H5-4　顧客の意見を集めて製品に反映させる

どのように顧客の声を集めるかは、現在も模索が続いている。家庭向けエアコンの
キャラクター「ぴちょんくん」のコンテンツについての記載もある

だわるより伝わることを優先し、頻繁に修正を加える。考えてみれば、今回
のプレゼン資料もアジャイル開発の手法に沿っているのかもしれない（**図 H5-3**、
図 H5-4）。

　クラウドファンディングで一般に公開された Carrime は、顧客とのコ
ミュニケーションで商品を作り上げていくという本来の目的に向かって着実
に歩を進めている。「キャンプなどで使いたいという声があり、排気の仕組
みが必要だとの声も多く寄せられました。製品では排気用パイプのようなも
のを取り付けることを考えています」と、野口氏は改善の例を挙げた。他に
も、梱包箱のデザインについての意見なども募っている。

　アイデア商品創出プロジェクトでは、Carrime の他、クローゼットなど
で使う小型のコードレス脱臭機「LOOP STREAMER（ループストリーマ）」
も 20 年中の発売を目指して意見を募集している。顧客とのコミュニケー
ションをいかに活性化するかは現在も模索中だと野口氏。会員登録の獲得に
向けた企画書やプレゼン資料を作る日々が続いているとのことだ。

Hit Product **06**

応募400本の社内コンペを勝ち抜いた スタディサプリのプレゼン

リクルートマーケティングパートナーズ
「スタディサプリ」

リクルートマーケティングパートナーズ まなび事業統括本部オンライン
ラーニング事業推進室マーケティング部 部長
（2020年4月からは、まなび事業統括本部 学習領域統括部 事業企画部 部長）

松尾慎治氏
（写真：菊池くらげ）

　リクルートには「Ring（リング）」と呼ばれる、1982年から実施されてきた社内の新規事業コンペがある。「R25」や「カーセンサー」「ゼクシィ」などもこのコンペを経て事業化されたというから、まさに伝統的だ。

新事業のヒントは受験生との会話から

　スマホを使ったネット教育サービス「スタディサプリ」は、2012年の当

時「NewRING」の名称だったコンペに提出されたものだ。当時は400件ほどの応募があったという。そのアイデアをまとめた中心人物の1人が、リクルートマーケティングパートナーズ まなび事業統括本部オンラインラーニング事業推進室マーケティング部部長 松尾慎治氏だ。

　スタディサプリに取り組むことになったきっかけは、あるイベントで知り合った受験生との会話。「『勉強頑張れよ』と言ったら『頑張りたくても、頑張れないんですよ』と怒られたのです」と松尾氏。詳しく話を聞くと、住んでいる地域や経済的な理由で予備校に通えない受験生がたくさんいることが分かった。

受験生の66%をターゲットに据える

　最初は飲み会の席での話からスタートしたと松尾氏。リクルート内の若手メンバーが5人ほど集まって、NewRINGに応募するための学習サービスのアイデアをまとめていった。当時、リクルートには教育関係の事業がなかったためゼロからのスタートだったが、社会的にも大きな意味があると考

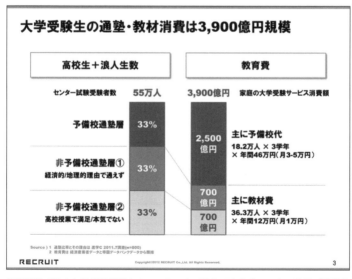

図 H6-1 企画の推進力となった「知られざる」データをアピール

初期段階で集めた予備校利用率のアンケートで見えてきた「66%もの生徒が予備校に通っていない」という結果が企画の推進力となった

えたと松尾氏は言う。

「予備校に通っている受験生の割合を知りたかったのですが、どこにもないので自社で調査しました」と松尾氏。アンケートの結果、なんと66％もの受験生が予備校に通っていないことが判明した。この調査結果が企画を進める5人の背中を押した（図 H6-1）。

まずは1次審査があり、そこには前記のような多数の応募が集まる。この時点では、A4用紙1～2枚程度で概要を提出する。松尾氏らのチームも、期待を込めつつ、議論の成果を用紙の説明に落とし込み、応募した。

1次審査を通過したという連絡は、いきなりメールで届いた。「『やった！』と喜んだのを覚えています」（松尾氏）。後は本選に向けて、説得力のあるデータを集めて、事業化の具体的な方針を探ることになる。この時期に、松尾氏たちのチームは、学習サービスで先行していた韓国にも出かけて調査している（図 H6-2）。

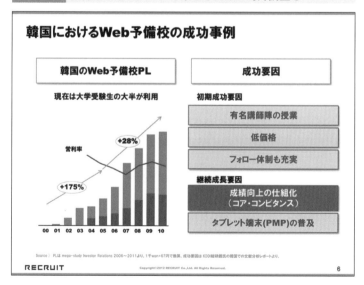

図 H6-2 説得力のあるデータを集めるために海外調査も

松尾氏のチームは、学習サービスで先行していた韓国にも出かけて調査した。韓国では既に受験生向けのeラーニングが成功しており、月額5000円程度で広く受け入れられていた

Webサイトで培った経験をプレゼンに生かす

　松尾氏がコンテスト本選のための10分ほどのプレゼン用に作成したスライドは20枚。色数を少なくし、てきぱきと説明するために、スライド1枚の内容はシンプルにまとめている（図H6-3）。

　66％の受験生が予備校に通っていないことを示す棒グラフは、プレゼンの中で数回にわたって登場する。何度も同じデータを見せて需要の高さを強調するとともに「あのデータね」と立ち返ることで納得度が高まると松尾氏は言う。

　スライドの最後には「少しウエットな感じで『教育の開放は日本の未来を変えること。』というスローガンを入れました」（松尾氏、図H6-4）。リクルートには事業の社会的な価値や意義も重要だと考える人が多いのだという。そうした聞き手の特性や気持ちを読み取ったうえで、説得するための材料を準備していくことは、プレゼンの重要な心得の1つだ。

図 H6-3　図や文字は同系色にして統一感のあるデザインに

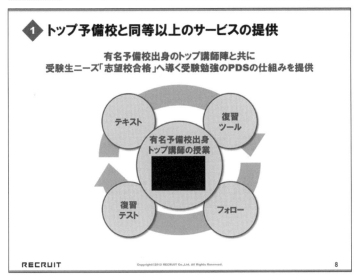

モノクロのためお見せできないが、Webサイトの UI を管理していた松尾氏の経験を生かし、図の色数を少なくして見やすくしている（一部を加工しています）

図 **H6-4** プレゼンの最後に聞き手の感情をゆさぶるキーワード

スライドの最後は、新しい教育サービスで目指すビジョンとイメージ写真を組み合わせてシンプルに表現している

月額利用料の値下げでブレイク

　12 年 3 月の社内コンペでグランプリに輝いたスタディサプリ（当時の名称は受験サプリ）は、12 年 10 月に公開。13 年の 3 月に戦略を見直して税別 980 円に月額利用料を下げた。これがきっかけとなって、登録者が一気に増え、現在の成功へとつながっていく。20 年 2 月からは税別 1980 円と改定しているが、通いの予備校と比べて格段に安いことに変わりはない。19 年度末時点の有料会員数は 110 万人に達している。

　スタディサプリは、1 人当たりの平均で月 50 時間ほど視聴されている。今にして思えば、スタディサプリは e ラーニングのサブスクリプションサービスだと言える。これを 12 年に企画したとは、松尾氏の先見の明には舌を巻く。

釣り具の技術で作った傘が大ヒット
企画書はワークシート1枚

グローブライド
「カーボンテクノロジー
ポータブルアンブレラ」

グローブライド 執行役員フィッシング営業本部
アパレルマーケティング部長　**小林謙一**氏
東京・渋谷の表参道ヒルズ内にある店舗「D-VEC TOKYO EXCLUSIVE」にて
（写真：菊池くらげ）

　この本はプレゼンテーションのノウハウに主軸を置いているが、ビジネス上では企画書も避けては通れない。ここでは趣向を変え、品薄が続く超軽量傘の企画書を紹介しよう。

　DAIWA（ダイワ）ブランドの釣り具で有名なグローブライド（旧ダイワ精工）は、釣り竿（釣りざお）の製造で培ったカーボン加工等の技術をゴルフや自転車用品などに展開してきたメーカーだ。さらに2017年からは、D-VEC（ディーベック）というアパレルブランドを開始。「水ぬれに強い」「湿気を放出する」といった、高機能でしゃれた服を販売している。

　同ブランドで特にヒットしているのが、「カーボンテクノロジーポータブルアンブレラ」という超軽量の傘だ（**図H7-1**）。今回の取材でD-VECの責任者でもある、グローブライド執行役員フィッシング営業本部アパレルマー

50 センチのカーボンテクノロジーポータブルアンブレラの重量は、わずか 76 グラム。実際に手に持ってみると驚くほど軽い

ケティング部長・小林謙一氏が見せてくれたのは、「Excel（エクセル）」のワークシート 1 枚にまとめられた企画書。セルをきめ細かくした、いわゆる「Excel 方眼紙」スタイルの文書で、印刷するとほぼ A4 用紙 1 枚に収まるようになっている。

絶対的な自信を持ってアピール

　この企画書フォーマットはそもそも釣り具の企画に使われてきたものだ。「対象ユーザー」という部分を見ると、「釣種」「熟練度」「年齢」といった区分がある。釣り具というものは、魚種、釣り場によって細分化され、市場はほぼ完成している。まったくの新製品が登場することはめったになく、モデルチェンジを重ねている。だから、企画書もシンプルなのだ。社内での企画はワークシート 1 枚で進んでいくという（**図 H7-2**）。

　グローブライドでは、製品化を進める上では「コンセプトワーク」「投資計画」「数量と価格」を議論する 3 ステップで会議を進めていく。この企画書は

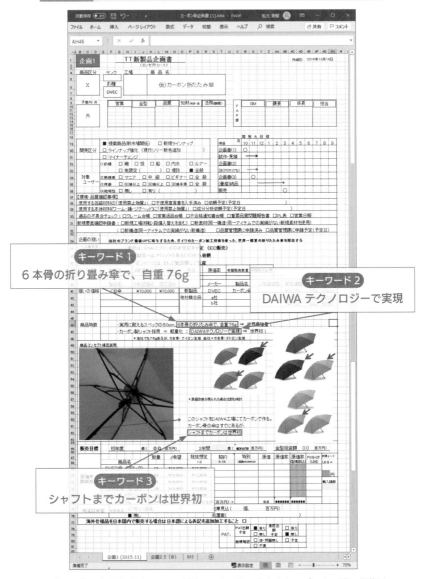

キーワード1
6本骨の折り畳み傘で、自重76g

キーワード2
DAIWAテクノロジーで実現

キーワード3
シャフトまでカーボンは世界初

わずか1枚の企画書だが、ほかの製品にはない強みを表すシンプルかつ強い言葉が並んでいる。なお「世界初」「世界一」などの言葉があるが、あくまでも企画会議での表現であり、実際の製品で使われているわけではない

コンセプトワークのものだ。「多い日には午前中いっぱいかけて 20 〜 30 件を議論することもあるので、1 件にかける時間は 10 分ほど」と小林氏は言う。

　通常のプレゼンと比べて、アピールする時間は極端に短い。そんななか、小林氏はどのように会議のメンバーに思いを伝えたのか。「どんなニーズとシーズがあって、こういう部分で売れる見込みがあってなどと、長々と分析を書いても説明する時間はない。一言で何なのか言わなければならなかった」と小林氏は振り返った。

　具体的にはどうしたか。「軽い、世界一軽い。なぜ軽いのか。カーボンを使っているからだという、ストーリーと背景でしっかり見せた」と小林氏。簡単には証明できないことから、販売の際には「世界一」を訴えてはいないのだが、作り上げたストーリーを社内でアピールする際には、そのくらいの意気込みを見せることも必要なのだ。

　「何も語らなくても、実物を見せてあっと言わせることができないと、ヒット商品は生み出せないのではないか」。小林氏は製品に絶対の自信を持っていた。だからこそ、たとえ 1 枚だけの企画書でも堂々と説明できる。ここまで確信を持てる商品は実際にはなかなかないかもしれない。だが、自分が発表する内容の本質がどこにあるかを見極め、シンプルに説明する姿勢には見習うべきものがある。

商品の力で初回製造分は即完売

　超軽量傘は評判になり、初回製造分は即座に完売。2 年目は初年度の 2 倍を製造、その次の年は 10 倍にしたが現在も売り切れの商品が多くある。まさに小林氏の狙い通り、商品の力で売れたわけだ。

　10 万円以上する超軽量釣りざおを売り続けているグローブライドだけに、圧倒的な商品力があれば価格が高くても売れることをよく知っている。自社の技術に対する自信が、A4 用紙約 1 枚の Excel 企画書に表れている。

超ミニ水筒の手書き企画書
「少しだけ飲む」にニーズ直感

DESIGN WORKS ANCIENT
「POKETLE（ポケトル）」

DESIGN WORKS ANCIENT
代表取締役　**小林裕介**氏
（写真：今 紀之）

　DESIGN WORKS ANCIENT（京都府向日市）の代表取締役、小林裕介
氏が「POKETLE（ポケトル）」を思いついたのは 2018 年。ゴールデンウ
イークの時期、出張中の旅先だった。人々が娯楽に繰り出すのを見て「風で
飛ばないレジャーシートはどうだろう」などと、5 案ほどひねり出したが、
すべて決め手に欠ける気がした。

　そんなとき、手元のペットボトルが目に付いた。「僕のような大男でも、
500 ミリリットルのペットボトルを飲み切れないことがある。そこで、市
場にあるステンレスボトルは大きすぎるのではないかと考えました」と元ラ

図 H8-1 実際の製品につながる主な項目を 1 枚に集約

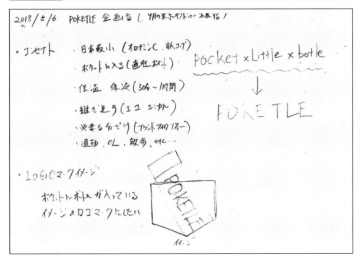

鉛筆による手書きの企画書。アイデアをまとめただけだが、製品につながる要素が
ほとんど入っている。製品名やロゴの原案まで決まっているのがすごい

ガーマンの小林氏は言う。

　通勤中や散歩中にちょっと飲むくらいなら、もっと少ない量でいいはずだ。
小さいボトルなら荷物が軽くなり、持ち歩くときの負担も減らせる ……
自社に戻った小林氏は、一気にポケトルの企画書を書き上げた（**図 H8-1**）。

　大塚製薬のオロナミン C ドリンクの容量は 120 ミリリットル。これが最
小で最適な容量だと小林氏は考えた（**図 H8-2**）。上司に提案するなら
PowerPoint を使うかもしれないが、小林氏の場合、企画者も決裁者も自分
自身なので手書きで十分だ。

　「ただし、安物にしては駄目だと思った」と小林氏。「最初は 1000 円を切
る価格にしたいと思っていました。周囲からは『1000 円以下なら売れる』
という声もあったからです。しかし、1000 円を切ると一気に安っぽく感じ
られるので 1200 円にしました。それも良かったと思います」

　蓋を開けてみると、若い女性に加えて、それと同数ほどシニア層の女性も
購入していた。薬を飲むための水や白湯などを入れるのに使うらしい。

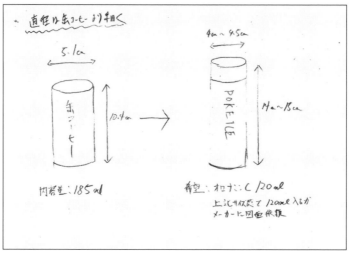

「直径は缶コーヒーより細く」「オロナミンC 120ml」といった文字が書かれている。
既存の飲料製品を基準に発想を広げていったことが分かる

土産物で学んだ消費者の心理

　小林氏は大学卒業後、1年ほど自動車ディーラーに勤め、貿易と商品開発を事業にしている京都の企業に転職した。「自分で作った商品を売って、評価を知りたい」と32歳には独立し、土産物を開発して卸す会社を設立する。前職で商品生産のノウハウを学び、取引先とのパイプもできていた。目を付けたのはキッチンタオルだった。

　京都という土地柄、「これをお土産にすればいける」と小林氏は考えたのだが、まったく相手にされない。京都の土産物は地場産品が好まれ、海外生産のキッチンタオルは受け入れられなかったのだ。資金も尽き、数え切れないほどの土産物店を回ったところで「小林さんにだまされてあげるよ」と言ってくれた土産物店が現れた。

　小林氏の窮地に手を差し伸べてくれた土産物店は、京都だけでなく、沖縄の土産物も扱っていた。そこで「試しに沖縄で売ってみよう」という話になったという。沖縄の土産物店は地場産品にそれほどこだわっていなかったよう

図 H8-3　製品コンセプトを示すロゴの原案

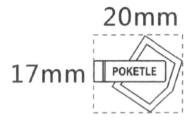

ロゴの原案は、ポケットにボトルが入っている様子を横から模したもの。ロゴもだいぶ完成してきたタイミングの資料だ

で、毎月5万枚の注文が来るようになり、ようやく会社が軌道に乗った。その後、メーカーとして商品を作ることを目指し、新たに設立したのがDESIGN WORKS ANCIENT だ。

　土産物店の経験を通して小林氏は、「商品は自分の力だけでは売れない」と確信する。「同じ商品でも置き場所が変わっただけで売れたり、売れなかったりする。つまり、心理的な部分が大きなウエートを占めます」と小林氏。

　POKETLE は、機能・性能としてはポケットに入るほど小型のステンレスボトルだ（**図 H8-3**）。ヒットの理由はそこだけではない。「必要な分だけ、飲めればいい。かさばるものは持ちたくない」。A4 のコピー用紙に企画書を手書きしたとき、小林氏が見据えていたのはそんな消費者の心理だったのだ。

優れた発表の裏に「台本」
周到な準備がプレゼンを成功に導く

アンカー・ジャパン
モバイルバッテリーなど

アンカー・ジャパン

執行役員/事業戦略本部 統括　**猿渡歩**氏（左）

代表取締役　**井戸義経**氏（中央）

事業戦略本部 マーケティングマネージャー　**瀧口智香子**氏

（2020年4月からマーケティング統括 シニアマネージャー、右）

（写真：菊池くらげ）

「Anker（アンカー）」というスマホの周辺機器ブランドをご存じだろうか。
米グーグル出身者らが設立したメーカーで、主力商品であるモバイルバッテリーの性能の高さに定評がある。

日本法人アンカー・ジャパンが2018年11月に開催した報道向け説明会で聞き手として参加していたのだが、スライドの完成度が高く、感銘を受けた。この本でお伝えしてきたテクニックが、ほとんど実現されているのだ。

これまで多数のプレゼン名人に取材をさせてもらったが、全体的な完成度でアンカー・ジャパンはトップクラスに入るだろう。どのようにスライドを

図 H9-1　構成案（プログラム）をまとめる

Program

Time	Rap	Contents	Presenter	Memo
11:00	02'00	Opening Adress	MC	
11:02	05'00	Current Brand Strategy for JP market	Ayumu	
11:07	08'00	Current Sales Overview & Actions - Online (Amazon, Rakuten, Yahoo, Anker Official Online Store) - Offline (Retailers, Anker Store) - Message for 10 billions achievment	Ayumu	
11:15	05'00	Anker's New Technology (GaN charging) & Products (to proceed charging solution as leading brand)	Yoshi	
11:20	07'00	Anker's New Footprint (Business Tied-up with Fukuoka City) (to widen the merit of charging solution)	Yoshi representative of Fukuoka city	Yoshi introduce & call-in
11:27	07'00	Soundcore's New Footprint (Tied-up with Universal Music)	Yoshi representative of Universal Music	Yoshi introduce & call-in
11:34	01'00	Message for JP market	Yoshi	
11:35	10'00	Q&A	Yoshi, Ayumu	
11:45	10'00	Photo session & Closing Adress	MC	

最初に作った構成案。1枚の用紙にシンプルにまとめている

作っているのか。ぜひその裏側を見せていただこうと取材をお願いした。

　スライドを主に作ったのは事業戦略本部マーケティングマネージャーの瀧口智香子氏。「長時間のプレゼンは、聞いていただくのも大変なので、基本的にはマックスで60分だと考えています」と瀧口氏。まずは時間を決めた上で、最初に全体の流れを考えていったという（**図 H9-1**）。

　構成案は、大まかな内容とそこに割く時間を提示している。スピーカーは、代表取締役の井戸義経氏と執行役員／事業戦略本部 統括の猿渡歩氏の2人だ。瀧口氏が作った構成案をたたき台にしながら、スピーカー2人とミーティングを重ね、それぞれの内容に割り当てる時間を調整していった。

台本となる「スクリプト」で構成を詰める

　次に、構成案を元に、より細かな内容をまとめるためのスクリプト（台本）を作っていく。今回は特別にその資料も見せていただいた。ここにはスライドが貼り付けられているが、これは、事後に加えたものだ（**図 H9-2**）。

　内容を見ると、話し言葉で書かれている。「話し手2人のクセを把握した上で、話し言葉でスクリプトを作りました」（瀧口氏）。井戸氏は、緊張するとゆっくりになり、猿渡氏は逆に早口になる。発表者のキャラクターに合わ

スクリプトの一部。話し手の位置や時間なども記載している

せた話し言葉で作ることで、各スライドで話せる内容のボリュームが的確に決まってくるという。

　話す内容の決定権はスピーカーの2人にあるが、多忙で時間が取れないことが多いため、スクリプトの作成は瀧口氏にお願いしているという。

オンラインのGoogleスライドで作成

　スピーカーと討議を重ねてスクリプトが完成してから、スライドを作っていく。第2章でスライドを作る前に構成を練る重要性を説いたが、まさに何を話すべきかを計算しつくした上で、最後にスライド作成に取り掛かっているのだ。

　スライドの見せ方も申し分ない。文字は大きく、細かい説明は書いていない。スライドの内容はシンプルに徹し、1枚1分を目安に作成しているという。色使いやデザインもよい。背景は黒一色に見えるが、実はわずかなグラデーションとなっている。また、文字は白でアクセントに青いコーポレートカラーを採用している（図 H9-3）。

　色を透過させた図の使い方や、丁寧な文字の揃え方などから見て、てっきり豊富な機能を備えるPowerPointで作成していると思ったのだが、オン

「文字は少なくシンプルに」の好例

スライドの文字は極力少なくし、シンプルに徹している。写真の枠をブランドのカラーで囲むなどの工夫も

ラインのプレゼンツール「Google スライド」で作っているという。

　写真は、同社の製品写真のほか、ストックフォト（オンラインの写真素材サービス）を利用している。図は主にイメージに合ったピクトグラムを使い、一部だけシンプルな製品図を描いている。

　つまり、我々でも使える一般的なツールで、素晴らしいスライドを作成しているというわけだ。プレゼンの良しあしは道具の種類ではなく、ストーリーやスクリプト作成など丁寧な事前準備と、聞き手への深い配慮だということだ。

おわりに

プレゼンのあり方が一変する新時代
将来は「動画プレゼン」も当たり前に

　プレゼンがうまくいかない、と悩んでいる人の多くは「カッコよさ」ばかりにとらわれている。クールで見た目のよいスライドが作れない、うまく話せないといったことばかりにフォーカスしている。

　プレゼンの成功とは「自分が言いたいことが100%伝わる」──これに尽きる。自分が理解している内容を、相手にもそのまま理解してもらうのがプレゼンの目的なのだ。誤解を恐れずに言えば、カッコ悪くていいのだ。

　例えばもし、お金をかけて外部のデザイナー・カメラマン・イラストレーターに発注し、美しく、カッコいいスライドが出来上がったとする。さらにプロのアナウンサーが弁舌なめらかに説明を読み上げたとして、どれだけ高い成果を出せるだろうか。

　「ずいぶんお金がかかっていますね」と伝わるかもしれないが、表面的なもので終わってしまう恐れもある。

スティーブ・ジョブズ氏はマネできない

　聞き手はそんなものは求めていない。Webページを検索するだけでは出てこない、あなた自身が紡ぐ言葉を待っているのだ。そもそも日々の商談やセミナーのプレゼンは、豪華なイベントとは全く違う。お金をかけられない。自らスライドを作り、自ら話さなければならないのだ。

　米アップルの共同創業者である故スティーブ・ジョブズ氏のプレゼンが素晴らしいと話題になったことがある。確かにとても素晴らしいのだが、冷静に見ると、そう簡単にマネをできないことが分かる。まず我々には、あんな費用がかかったプレゼンをする舞台がそう簡単には整わない。

　我々はジョブズ氏ではないので、カリスマ性もかなわない。スライドだけでなく、波乱の人生を送ってきた起業家としての深みのある表情で引き付けているところもあった。そんなマネもできない。ジーンズに黒のタートル

ネックという服装もクールだった。それはジョブズ氏だからだ。我々の聞き手は、我々にそんなところを期待してはいないのだ。

僕は、講演の仕事もいただいているので、少しでも評価が上がるように工夫を重ねてきた。関連する書籍もたくさん読み、上手と言われる方の講演も数多く見せていただいた。

こう言ってしまうと元も子もないのだが、結局その多くが才能でしかなかった。話し上手な人、人を引き付ける才能のある人が、素晴らしい講演やプレゼンをしている。多くの部分で、マネができないことを理解した。

エッセンスを盗むことは可能

そのまま天才のマネはできない。でも、その道のプロから一部を"盗み取る"ことはできる。例えば、ジョブズ氏のプレゼンのスライドを見ると、1枚のスライドの要素は、基本的には1つしかないことが分かるだろう。1枚当たりの説明もかなり短い。つまり"秒速"プレゼンに近いのだ。

本書では、それら多くのプレゼンの達人から学んだエッセンスを凝縮した秒速プレゼンなどの手法を紹介した。これらを一つひとつ身に付けていくことで、仕事の効率を高めつつ、本番の説得力を上げ、誰もが自分らしさを表現できるようになるはずだ。

昨今の新型コロナウイルス感染拡大で広がりつつあるオンラインプレゼン時代にも、これら知識が役立つはずだ。時代は大きく変わっている。これまで人に会えないときに、参考としてスライドや企画書を送ることがあった。近い将来「時間があるときにご覧ください」といって、プレゼンの動画を送るケースが増えてくると考えている。

最近の若者たちは何か新しいものを調べるとき、あるいは学ぶときにも、Web上で文字情報を探すどころか、YouTubeの関連動画を探して見るのを好むという。もしかしたら将来は、プレゼンの動画を作成して送れなければ、ビジネスに勝てない日が来るのかもしれない。秒速プレゼンは、その来るべき次世代の「動画プレゼン」時代にも対応できるスキルであるはずだ。

2020年5月　戸田覚

戸田 覚（とだ さとる）

1963年東京生まれのビジネス書作家。デジタル関連製品に造詣が深く、ビジネス誌やパソコン誌で多数の連載を持つ。プレゼン、成功する仕事術、新商品開発といったテーマで執筆や講演、コンサルも手掛ける。著書に「新・あのヒット商品のナマ企画書が見たい!」（ダイヤモンド社）、「ここで差がつく!仕事がデキる人の最速パソコン仕事術」（インプレス）、「ヒット商品のマル秘プレゼン資料を大公開!」（インプレス）など。YouTubeチャンネルでも製品レビューやIT系の情報の動画を随時アップロード中。

"秒速"プレゼン術

2020年6月22日　第1版第1刷発行

著者	戸田 覚
編集	日経クロストレンド（松元英樹）
発行者	杉本昭彦
発行	日経BP
発売	日経BPマーケティング
	〒105-8308 東京都港区虎ノ門4-3-12
	URL　https://www.nikkeibp.co.jp/books/
装丁	小口翔平＋加瀬梓（tobufune）
制作	クニメディア株式会社
印刷・製本	大日本印刷株式会社

本書の一部は「日経クロストレンド」掲載の内容を再編集、再構成したものです。

ISBN 978-4-296-10673-8
Printed in Japan
©2020 Satoru Toda